地方城市振兴的28项法则

地方創生大全

［日］木下齐 著
张岩 译

人民东方出版传媒
People's Oriental Publishing & Media
东方出版社
The Oriental Press

"世界新农"丛书专家委员会

（按姓氏汉语拼音排序）

白澄宇	联合国开发计划署中国可持续发展融资项目办公室主任
才　胜	中国农业大学工学院，硕士生导师
陈　林	首辅智库学术委员会副主任委员
陈　猛	厦门大学环境与生态学院教授
陈能场	广东省科学院生态环境与土壤研究所研究员，中国土壤学会科普工作委员会主任
陈统奎	《南风窗》杂志前高级记者、全国返乡论坛发起人、6次产业家社群营造者、火山村荔枝创始人
冯开文	中国农业大学经济管理学院教授
谷登斌	河南丰德康种业股份有限公司总经理、研究员，第四届国家农作物品种审定委员会委员
侯宏伟	河南师范大学商学院MBA教育中心办公室主任，硕士生导师
胡　霞	中国人民大学经济学院教授，博士生导师
宋金文	北京外国语大学北京日本学研究中心教授
仝志辉	中国人民大学农业与农村发展学院教授，中国人民大学乡村治理研究中心主任
徐祥临	中共中央党校高端智库深化农村改革项目首席专家，经济学教授、博士生导师，首辅智库三位一体合作经济研究院院长
杨尚东	广西大学农学院教授
张耀文	德国国际合作机构（GIZ）职业教育与劳动力市场高级顾问
周维宏	北京外国语大学北京日本学研究中心教授，博士生导师

出版者的话

在中国共产党第二十次全国代表大会开幕会上，习近平总书记指出要全面推进乡村振兴，坚持农业农村优先发展，巩固拓展脱贫攻坚成果，加快建设农业强国，扎实推动乡村产业、人才、文化、生态、组织振兴，全方位夯实粮食安全根基，牢牢守住十八亿亩耕地红线，确保中国人的饭碗牢牢端在自己手中。

乡村振兴战略的提出，让农业成为有奔头的产业，让农民成为有吸引力的职业，让农村成为安居乐业的美丽家园。近几年，大学生、打工农民、退役军人、工商业企业主等人群回乡创业，成为一种潮流；社会各方面的视角也在向广袤的农村聚焦；脱贫攻坚、乡村振兴，农民的生活和农村的发展成为当下最热门的话题之一。

作为出版人，我们有责任以出版相关图书的方式，为国家战略的实施添砖加瓦，为农村创业者、从业者予以知识支持。从2021年开始，我们与"三农"领域诸多研究者、管理者、创业者、实践者、媒体人等反复沟通，并进行了深入调研，最终决定出版"世界新农"丛书。本套丛书定位于"促进农业产业升级、推广新农人的成功案例和促进新农村建设"等方面，着重在一个"新"字，从新农业、新农村、新农人、新农经、新理念、新生活、新农旅等多个角度，从全球范围内精心挑选各语种优秀"三农"读物。

他山之石，可以攻玉。我们重点关注日本的优秀选题。日本与我国同属东亚，是小农经济占优势的国家，两国在农业、农村发展的自然禀赋、基础条件、文化背景等方面有许多相同之处。同时，日本也是农业现代化高度发达的国家之一，无论在生产技术还是管理水平上，有多项指标位居世界前列；日本农村发展也进行了长时期探索，解决过多方面问题。因此，学习日本农业现代化的经验对于我国现代农业建设和乡村振兴具有重要意义。

同时，我们也关注欧洲、美国等国家和地区的优质选题，德国、法国、荷兰、以色列、美国等国家的农业经验和技术，都很值得介绍给亟须开阔国际视野的国内"三农"读者。

我们也将在广袤的中国农村大地上寻找实践乡村振兴战略的典型案例、人物和经验，将其纳入"世界新农"丛书中，并在世界范围内公开出版发行，让为中国乡村振兴事业作出贡献的人和事"走出去"，让世界更广泛地了解新时代中国的新农人和新农村。我们还将着眼于新农村中的小城镇建设与发展的经验与教训，在"世界新农"丛书的框架下特别划分出一个小分支——小城镇发展系列，出版相关作品。

本套丛书既从宏观层面介绍21世纪世界农业新思潮、新理念、新发展，又从微观层面聚焦农业技术的创新、粮食种植的新经验、农业创业的新方法，以及新农人个体的创造性劳动等，包括与农业密切相关的食品科技进步；既从产业层面为读者解读全球粮食与农业的大趋势，勾画出未来农业发展的总体方向和可行路径，又从企业、产品层面介绍国际知名农业企业经营管理制度和机制、农业项目运营经验等，以期增进读者对"三农"的全方位了解。

我们希望这套"世界新农"丛书，不仅对"三农"问题研究者、农业政策制定者和管理者、乡镇基层干部、农村技术支持单位、政府农业管理者等有参考价值，更希望这套丛书能对诸多相关大学的学科建设和人才培养有所启发。

  我们由衷地希望这套丛书成为回乡创业者、新型农业经营主体、新农人，以及有志在农村立业的大学生的参考用书。

  我们会用心做好这一套书，希望读者们喜欢。也欢迎读者加入，共同参与，一起为实现乡村振兴的美好蓝图努力。

前　言

日本政府以 2014 年的"地方消亡论"①为开端出台了地方振兴的政策，制定了地方振兴综合战略，2015 年起在日本各地推广。

对于从事地方相关工作长达 18 年的我而言，很高兴地方受到了关注。但是许多以地方振兴为目标的做法令人十分担忧。

其实，2016 年 6 月 NHK（日本广播协会）对日本内阁府介绍的 75 项地方振兴先进项目全部进行了调查，调查结果表明达成地方振兴目标的仅有 28 个，竟然不到整体的四成。尽管这是地方振兴政策实行的第一年，但就连由地方政府自行策划、获取国家预算而且被国家认定为先进的向全国介绍的项目，居然也会出现这样的状况，实在令人难以置信。

地方政策的确不是仅用一至两年的时间就能让整个地方振兴的。但是，如果连自己制定的每年的目标都无法达成的话，更难期待其将来会取得成果了。

由地方政府制定方案、确立目标，由国家加以认定并提供预算，然后采用 PDCA 循环的全流程管理模式开展地方振兴的

---

①　原日本总务大臣增田宽也领衔的一个民间研究团队"日本创成会议"，于 2014 年 5 月发布研究报告，称有接近半数的地方自治体（市町村）未来将因人口减少而消亡，引发了社会的广泛关注。——译者注

这一做法，已经作为地方政策在以激发地方城市中心城区活性化为代表的多个领域实施，但都以失败告终。我认为只要采用这种已经失败的方法推进地方振兴项目，恐怕就很难取得丰硕的成果（参考资料：http://www.nhk.or.jp/ohayou/digest/2016/06/0616.html）。

▶ 地方振兴应被定位为"项目"

18年前，我在读高中一年级时参与了早稻田商会的地方振兴事业。商会很穷，每年的预算不到100万日元，既不是财团法人，也没有秘书。但是，正是这样一个弱小的团体在当时所推进的"社区环境改造"项目，却获得了极大的关注。

这个项目成功的关键大致可以包括以下三点。

第一个关键点是，经济团体以环境为主题参与振兴地方的活动。

商业街是商人聚集后形成的，逐利是商人的天性。因此，他们一直以来就秉承着"环境如何与我们无关"的"精神"，甚至还有人说："制造多少垃圾，就证明他赚了多少钱。垃圾是生意人的勋章。"20世纪90年代后期，地方政府回收资源垃圾还未得到普及，因此即使这样说也无可厚非。但是，在那样一个时代，商业街自行招揽了环保机器厂商，通过给空罐子、塑料瓶回收机设置优惠券领取功能，为厨余垃圾处理机赋予燃料里程积分功能等，将商业街的市场与环保活动联动起来。再加上商业街位于早稻田大学附近，连大学也加入其中，发展成了现在所说的产官学联动的项目。此外，通过互联网大力宣传，后

前言

来这项活动甚至发展成从中央行政机构到大中小企业、大学等有全国150位以上的重要人物参与的合作体制。

第二个关键点是，这是不使用补助金，自己营利的振兴地方的"项目"。

早稻田商会秉承着"正因为没有钱，才会激发人们的智慧"的想法，虽然没有预算，但通过与各种各样的企业合作，在活动中收取摊位费，将考察参观作为收费项目等方式，推动着"能够营利的振兴地方的项目"。早稻田商会采用前面提到的给空罐子、塑料瓶回收机设置优惠券领取功能等做法，通过优惠券吸引顾客的方式让各分店赚到钱，然后通过每个月各分店缴纳的促销费来运营。换言之，这不是以往的依赖补助金的地方振兴项目。

第三个关键点是，采取与以往相反的"民间主导、政府参与"的方式推进项目。

归根结底，这些项目都是由"民间"发起的，之后再邀请政府部门参与。这项活动原本是为了应对大学城所特有的商业街的夏枯状况（指一到暑假，由于没有学生，商业街陷入冷冷清清的状况）开展的。但是，如果单纯因为商业街不营利，就举办招揽客人的活动是毫无意义的，因此我们决定将当时商业型垃圾回收收费化所引发的热门话题"环境"作为切入点。由民间发起这种具有较高社会性，同时有助于商业街复苏的项目，此后由政府部门参与的模式，引起了人们的关注。

在人生中首次参与了地方振兴事业之后，高中三年级时我被任命为全国商业街共同出资公司的社长。但是，在那里

3

我经历了惨重的失败。我深切感受到地方振兴事业是极其艰难的，在振兴地方的同时不依赖税收财源，还要使私营企业营利，这需要更高超的经营能力。研究生毕业后，我在熊本县与同伴们一起再次创建了熊本城东管理公司，并与分布在全国各地的同伴们一起创建了地方振兴联盟（Area Lnnovation Alliance，AIA），在各地开展由自己出资创办的项目的同时，也致力于传播在那里获得的知识和信息。这18年的经历，让我强烈地意识到"地方振兴应该被定位为项目"。

另外，我也有种地方政策总是在原地打转的感觉。这次的地方振兴，也有不少被认为是对过去政策的重演。

▶ 地方政策的失败，会重蹈覆辙吗？

在地方振兴的先导型预算中，最具代表性的政策之一就是"商品优惠券（Premium 商品券）"①。

当时，在日本全国1741个市、镇、村中，有1739个地方政府发行了商品优惠券，发行率高达99.8%，为此共申请、执行了1589亿日元的预算。

那么，在大家所在的地区，经济是否有大幅好转呢？我认

---

① 日本政府为了刺激消费、提振地方经济所发放的经济补助金，由地方的市、镇、村发行和销售。例如，可以用1万日元购买1.2万日元的商品券。商品优惠券根据各地的规定可用于购买日常用品、旅行等。——译者注

为实话实说是"没有什么真实的感觉"。从地区振兴券①等过去实行过的同样的政策来看，其带动新增消费的效果仅为发券额的1/4~1/3，仍备受质疑。尽管如此，作为振兴地方经济的政策，这种"无效撒钱"的做法至今仍受到人们的追捧。

各地推进地方振兴的策略规划是，制定方案、接受国家认定、设定关键绩效目标（KPI）、采用PDCA循环的全流程管理模式运行。

这与截至2016年6月，200个城市接受了认定的"地方城市中心城区活性化政策"是相同的做法。但是，我们并没有看到通过这一政策使地方城市中心城区经济大幅振兴的案例。不仅如此，就连曾经的地方振兴示范城市青森市，由于在该政策支持下建成的核心设施"AUGA"的经营失败，已经耗费了200亿日元以上的城市税收，甚至演变成市长宣布辞职的事态。

地方振兴政策中的重大问题是，"给过去存在问题的做法起个新名字，再次实施"。

这不仅仅是地方政府或中央等行政部门的问题，民间也有利用这一政策的心态。而为这项政策制定预算的是国会和地方议会，选举他们的不是别人，正是我们自己。

也就是说，地方政策在国家与地方、政府与民间、政治与市民的关系中，尽管由议会决议，依照法律严格执行，但毫无

---

① 1999年，日本政府为了刺激泡沫经济后多次减税仍低迷不振的地区消费以及照顾弱势群体，对有15岁以下孩子的家庭和65岁以上老人发放了"地区振兴券"。金额为每人2万日元，仅可用于本地消费，使用期限为半年。——译者注

成效。

为了斩断这种结构性的负面连锁反应，我们不能对失败视而不见或忘记失败，而必须直面过去的失败。

▶ 质疑媒体报道"地方成功故事"的消费状况

每当看到有关振兴地方的新闻时，我都会有一种强烈的违和感。这些报道大多讲述的是在乡下奋战的年轻人的故事，或是在人口稀少的村庄奋斗的老人的身影。媒体报道的都是这种"城市所期待的'温馨美好的地方成功故事'"。

但是，如果仅靠这些美好的故事就能解决问题的话，那么地方早已经振兴，谁都不用那么辛苦了。

其实，在地方的新项目中，会遭遇采取强硬反对态度的当地权贵，嫉妒他人成功的居民，甚至还有想要借助当地特有的成功获取工作业绩来推销地方振兴示范项目预算的公务人员等，这里交织着各种各样的欲望。

只选取某一个瞬间说那是"成功"很简单，更重要的是能否坚持下去。不言而喻，创造出几年，甚至数十年的"成功"是极其困难的。也就是说，没有绝对的成功，在成功与失败的反复中，不造成决定性的失败，努力创造出积极向上氛围的日常的努力，才是激发地方活力的真实面貌。

这些无一例外，都是无法获得媒体报道的，非常朴实的工作。

遗憾的是，这种持续的朴实的工作，因为在城市居民看来并没有特别令人感动之处，无关紧要，所以媒体也不会报道。

此外，有关移居地方的媒体的报道方式也很反常。

事实上移居到地方的人很少，聚集在首都圈的人占绝大多数。2015年日本发布的人口迁移报告显示，有超过11.9357万人迁入东京圈，这一规模连续4年持续扩大。其他迁入人口超额的城市有隶属东京圈的埼玉、千叶、神奈川等，位于三大都市圈的核心城市有爱知、大阪等，以及福冈和冲绳。

但是，媒体会报道"现在，移居地方是一种趋势"，并聚焦被城市认为过着理想乡村生活的特殊的地方移居者，制作电视节目。

由于媒体过于追求突出的话题性，所以其重点不是着眼于解决地方所存在的问题，而是侧重于选择"在城市有可能成为热议话题"的特殊事例进行报道。并且，地方为了获得都市媒体的报道，会优先选择"话题性"较高的项目。结果，地方问题没有得到解决，所有人都只是为了制造一时的话题而四处奔走。

▶ **这不仅是存在于地方的问题**

2014年12月，我开始在"东洋经济ONLINE"撰写题为《地方振兴的现实》的连载。

我写这篇连载的目的，并不是单纯地要揭示地方的表面性问题，而是想在回顾过去失败案例的同时分析其所存在的结构问题，寻求解决方案。

如字面意思，我在这篇连载中记述了在试图振兴衰退的地方时所发生的各种各样的真实故事。很多人说，连载中写了很多"看似理所当然，却很难说出口"的事情。可越是难以说出口的事情，就越是问题所在。

令我备感惊讶的是，通过这篇连载收到很多意见：

"这种事情，不局限于地方，我们的公司也一样。"

"地方活化领域与地方政府部门的关系，就像我们的业界团体与政府管辖部门的关系一样。"

"不仅仅是商业，农业、林业、水产业也一样。"

…………

总之，这让我意识到地方的结构问题与日本各地出现的问题，两者之间存在很多共同点。

本书所阐述的内容，并非是单纯地对"地方问题"的总结。希望各位读者也能将其视为"在日本随处可见的结构问题之一"来看待。

▶ 从五个视角整理结构问题

本书将从以下五个视角整理地方的结构问题（图1）：

- 项目的选择方式
- 资产的运用方式
- 人的理解方式
- 资金流向的观察方式
- 组织的有效利用方式

关于地方项目失败的原因，首先要提到的是"项目的选择

前言

只有以下所有的要素都发挥作用，才能形成地方振兴所必要的活动。但是，由于"项目""资产""组织"三者都出现了错误，所以永远无法实现地方振兴。错误的结构，再怎么援助也不会取得成果。重要的不是援助，而是要纠正错误的结构。将项目、资产、组织转换为合理的结构，才是地方振兴所不可或缺的。

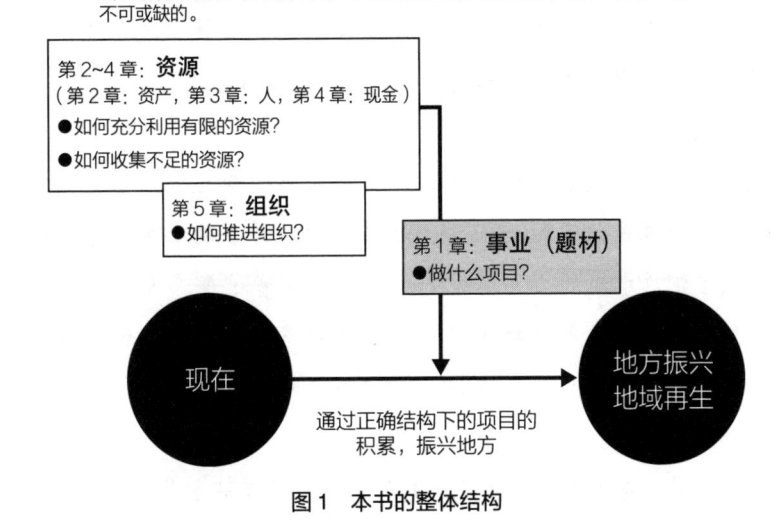

```
第2~4章: 资源
（第2章: 资产，第3章: 人，第4章: 现金）
● 如何充分利用有限的资源？
● 如何收集不足的资源？

第5章: 组织
● 如何推进组织？

第1章: 事业（题材）
● 做什么项目？

现在 → 通过正确结构下的项目的积累，振兴地方 → 地方振兴 地域再生
```

图1 本书的整体结构

方式"。这是一种从最初开始，在选择项目时就出现的错误模式。

例如大众化美食等，就属于这种错误模式。他们采用了非当地生产的小麦粉作为原料，尽管会获得微薄的利润，但只是单价几百日元到1000日元的菜品，通过加工等方式提升产品附加价值的空间非常有限。仅靠这些，是无法产生惠及当地第一产业的振兴地方的效果的。无论在哪个地方，产品难以实现差异化、单价又低廉，只能通过表面上的烹饪加工提高附加价值，是无法实现地方整体的再生的。

此外，"资产的运用方式"也很重要。

在地方活动中，建筑物和空间等硬件设施是必不可少的。

9

于是，地方使用大量税金建设和维护各种各样的基础设施。但如果建造方式、运用方式错误的话，有时可能会成为毁灭地方的原因。在过去的案例中，由于建造的基础设施出现赤字，导致预算无法用于地区其他项目的情况不在少数。

例如公路驿站，乍一看貌似是为当地建造的，但很多不仅无法收回初期投资，而且在运营上也需要花费税金，都是亏损经营。就像是为了做一袋卖100日元的马铃薯的小本生意，而建成了钢筋水泥的公共建筑一样，属于投资过度。大多数公路驿站都无法赚取每年数千万日元的维护费，如果不用税金弥补亏损，几乎都会倒闭。这样一来，公路驿站无论怎么努力，地方都无法营利。

同时，在很多地方出现问题的是"人的理解方式"。

近来，人们只关注人口的数量，例如定居人口的问题、以观光为主的流动人口的问题，而且所有这些都被简单地归结为人口数量的问题。人们容易认为，只要人口回流地方，所有问题就都迎刃而解了。

但是，实际上，想促进人口回流，就需要构建能够让这些人赖以生存的产业，单纯依靠增加移居补助金等措施追求暂时性的人口增加是毫无意义的。正因为地方产业原本就存在问题，所以就业也会受到影响，地方留不住人，结果导致地方内的需求也随之减少。因此，正常的想法是依靠当地原本就想要做大做强的产业，寻找适合这一产业的人才。

流动人口亦是如此。即使通过暂时性的活动聚集了几十万人，但如果他们没有旅游消费就毫无意义。与人数相比，更重要的是旅游消费的"单价"。一个人平均消费要达到多少钱？必须以个人的旅游消费单价设定为基础，改变包括当地餐饮店到住宿设施在内的整体服务。但多数情况是，把地方的改变抛在脑后，以只要能够凑够人数就好的想法在活动上花费预算，最终当地什么都没有留下。

所谓人的理解方式，包含支撑当地新一代产业的人才，以及我们要提供服务的顾客的双重含义。如果将两者混为一谈，并且无视人才质量的问题，单纯从"数量"的角度来判断的话，就会铸成大错。

有关"资金流向的观察方式"，在地方政策中也被错误对待。

很多地方政策，按照国家再分配政策的一贯做法多以政策性和行政性的方式实施，而忽视了经济和经营的视角。例如，某个地方振兴项目，虽然国家援助了50亿日元的经费，但同时地方自身也需要负担50亿日元，而且还要连续30年每年花费2亿日元用于维护。这样一来，地方就累计产生了60亿日元的亏空。于是，便出现了地方政府越是开展振兴当地的项目，财政负担就越重的情况。

此外，地方的项目评价必须通过"地方政府"和"民间（包括第三部门）"的整体结算财务报表来进行评价。但是，由于特殊的公共会计导致评价出现偏差，而且很多时候，政府和民间参与地方政策的很多人甚至都看不懂财务报表。因为他们看不清资金的流向，所以尽管知道地方政策"看不到效果"的现实状况，却没有意识到这是资金的流向有问题。

同时,"组织的有效利用方式"也存在问题。

在地方政策中,几乎没有采用组织行动的相关理论,至今仍沿用类似于前一代的"计划经济"的做法。政府制订"计划",决定本年度的"预算",然后按照这一模式运作,监控地方振兴项目的进展状况,评价,再责令其改善。

然而,这样的运作方式,对于提高组织的积极性,达成"振兴地方"这一目标,毫无裨益。这种单纯的循环方式,类似于昭和时代生产工厂的做法,说得更直接一些,类似于苏联国营工厂的做法。

在这种情况下,比起为了振兴地方经济而努力,组织内的个人会更倾向于采用效仿其他地方政策的做法。其目标,也会优先考虑容易获得业务评价的(例如增加揽客数量)的做法。就像打棒球,大家都不以打出安打为目标,而是瞄准触击球或四坏球。像这样在这种优先考虑"不要失败"的组织中,站在"振兴地方"的中长期视角上承担风险本身,反而变成了一种"愚蠢的行为"。

本书将从多个视角对以上问题进行阐述。

您所涉及的相关领域是否也存在"同样的结构问题"?希望各位读者能够怀着检查的心态阅读此书,我将不胜荣幸。

木下齐

目　录

第1章
项目的选择方式
如何正确决定"项目内容"

01. 吉祥物 ································· 005
这是成年人使用税金办的事吗？
正视当地经济的"改善"问题吧

02. 特产 ···································· 014
为何会生产出"难以下咽"的特产？
如果真想卖的话，就先"推销"吧

03. 地方品牌 ······························· 021
"山寨地方品牌"是有勇无谋
持续改变销售时机、销售地点、销售商品

04. 商品优惠券 ···························· 028
为何要与其他地方做"几乎完全一样的项目"？
"与万能相比只有小众项目"才能拯救地方

I

05. 商业计划竞赛 ··· 034
依靠他人力量想出的创意是行不通的
要想成功,"马上""自己"开始做吧

06. 政府部门打造的成功案例 ··· 040
被全国模仿的"伪成功案例"
通过"五个要点"分辨是否是真正的成功

07. 被击垮的成功案例 ··· 047
联合起来阻碍成功者的结构
成功地区要靠自己发布信息营利

第2章
资产的运用方式
充分利用资产,创造"利润"

01. 公路驿站 ··· 059
地方"资产"问题的象征
民间正视"市场",赚钱吧

02. 第三部门 ··· 069
成为地方衰退诱因的"活性化起爆剂"
统一目标,从小做起,培养壮大吧

03. 公园 ·· 076

"禁止事项过多"使地区荒废

从公园开始改变"周边区域"吧

04. 认真的人 ···································· 083

无法有效利用资产的合乎"常识"的人

怀疑"过去的常识"是现在的"非常识"

05. OGAL 项目 ··································· 089

"黑船袭来！"最初指责不断

靠"民建公共设施"提高税收和地价吧

第3章
人的理解方式
与增加"数量"相比，不如以"效率"取胜

01. 地方消亡 ···································· 103

"地方会因人口减少而消失"的假想

比起人口增加政策，不如重新审视地方经营

02. 人口问题 ···································· 110

人口无论增长与衰减，都是问题

建立能够应对变化的机制吧

03. 旅游 ·········· 115

地缘和血缘的"平等原则",阻碍发展

与游客数量相比,更应该重视旅游消费

04. 新干线 ·········· 121

"梦幻王牌"的美好幻想

创造吸引人来的"理由",有效利用交通网

05. 高龄者移居 ·········· 130

过于简单粗暴的"纸上谈兵"

明确"要吸引谁来?"

第4章
资金流向的观察方式
官民合作实现"整个地区"营利

01. 补助金 ·········· 141

导致经济衰退无限循环的万恶之源

创造"获利后持续投资"的良性循环吧

02. 表面计划 ·········· 147

满不在乎地制订不现实计划的原因

直面"近乎残酷的现实"吧

目 录

03. 故乡纳税 154
有"第二年减半"风险的烈性药
停止因税减价，让商品在市场上销售吧

04. 江户时代的地方振兴 160
为什么连 200 年前做过的事情都做不到呢？
将江户的智慧活用于地方振兴和财政重建

第 5 章
有效利用组织的方式
最大限度地提升"个体的力量"

01. 撤退战略 173
没有将绝对必要的事情纳入计划的原因
谈论能够连接未来的积极的"中止与撤退"

02. 顾问公司 180
蚕食地方的人们
贯彻自己思考、自己行动的"自我主义"吧

03. 达成共识 187
蚕食地方的"集体决策"的魔咒
与不负责任的 100 个人相比，更重视一个行动者的觉悟吧

V

04. 好恶 ·········· 194
  颠覆合理性的"怨恨情绪"
  重视定量探讨与灵活性吧

05. 传话游戏 ·········· 200
  过于落后于时代的，国家与地方的等级制度
  通过分权来改变信息的采集和实施的流程吧

06. 计划行政 ·········· 206
  为何大家都在努力，地方却没有停止衰退？
  抛弃错误的目标吧

07. 创意大战 ·········· 213
  消耗一线的"轻松创意人"
  从实践和失败中产生"真正的智慧"

结　语 ·········· 220

　　本书是对"东洋经济 ONLINE"连载的《地方振兴的现实》进行大幅删减、改编而成。

第 1 章

项目的选择方式

如何正确决定"项目内容"

第1章　项目的选择方式　如何正确决定"项目内容"

地方振兴的失败，通常是由于在最初的"项目选择"阶段就出现了重大问题。

大多数地区在选择项目时，都是从"寻找成功案例"开始的。他们前往当时成为热门话题的先进地区考察，然后热烈地讨论"我们地区也试着做同样的项目吧"。他们认为在其他地区取得成功的案例就像特效药一样，在自己的地区也会有效果。但如果这样就能成功，那大家都不用这么辛苦了。

我在自己参与的地方项目中将所有考察参观收费化，是因为我认为考察参观几乎没有任何意义。只花费 2 小时考察现场，就能在本地重现成功的概率，说实话应该是"0"。这就好像在说让一个外行去参观汽车工厂，回家后就能造出一台汽车是一样的（笑）。

地方振兴原本并不是"要做每个地方都在做的事情"，而是要做"其他地方没有做，只有本地才能做的事情"。

事实上，在决定地方振兴做什么项目时，重要的是首先要认识到"当地的问题是什么"，然后从事当地振兴的团队从我们"能从什么项目开始"的角度来选择。

换言之，在参考其他成功案例之前，团队首先要明确认识到"自己所在的地方的问题是什么"，同时充分讨论团队自身

"每周能投入多少精力""能为这个项目投入多少资金"这些现实的问题。必须在自己力所能及的范围内"选择项目"。例如，当地的课题是"再利用闲置房产，提高区域价值，同时打造自己也能够获利的项目"，但如果团队"只有3名成员，且每人只能拿出10万日元"的微薄的资金的话，就要深入思考在这种条件下自己能做的事情。这就是我们创业的起点。

如果只是去参观那些开发得如火如荼的地区，或者去那些巧妙利用补助金而成为热门话题的地区，是得不到任何灵感的。在去考察其他地区之前，要正视自身的条件，深入思考自己能做的事情。这才是取得成果的关键。

2008年，我在熊本县和朋友开始创业时，就想做以激发整个区域活力为目标的项目。但是我们团队4个人能筹措的资金只有320万日元。我们开始思考这笔资金能做的事情，于是开始了联合熊本县中心大楼的小商户，共同签订垃圾处理合同的生意。这个项目每年都能产生节约450万日元以上的效益，我将其中的部分盈余作为下一个项目的启动资金，这个项目一直持续做到了今天。像这样，即使不去考察某个地区，只要将当地的条件和自己能做的事情结合起来，就有可能选择出正确的"项目"。

本章在介绍地方上容易失败的"项目选择"的具体案例的同时，探寻其预防对策。

01. 吉祥物

> 这是成年人使用税金办的事吗?
> **正视当地经济的"改善"问题吧**

在此,我不得不提到近来引发热议的振兴地方的项目"吉祥物"。

据说,以日本地方政府为中心运作的吉祥物总数超过了 2000 种。光是在 2015 年举行的"吉祥物大赛"中,申请参赛的"地方吉祥物"就达到了 1092 种。

特别是熊本县吉祥物熊本熊出现以后非常受欢迎,但究其根源,可能会存在这样的质疑。这应该是一群成年人聚集在一起,使用税金执行的经济政策吗?

▶ "吉祥物"为什么会受到欢迎?

日本很久以前就有地方吉祥物的存在,后来彦根市的吉祥物"彦根喵"引发了热议。2010 年起,日本开始举行"吉祥物大赛",以此为契机日本全国各地开始陆续投入资金开发吉祥物,展开了争夺人气的竞争。

并且,熊本县的吉祥物熊本熊在获得第二届吉祥物大赛冠军后,人气一下子高涨起来(图 1-1)。熊本熊与彦根喵不同,

（参赛数量）

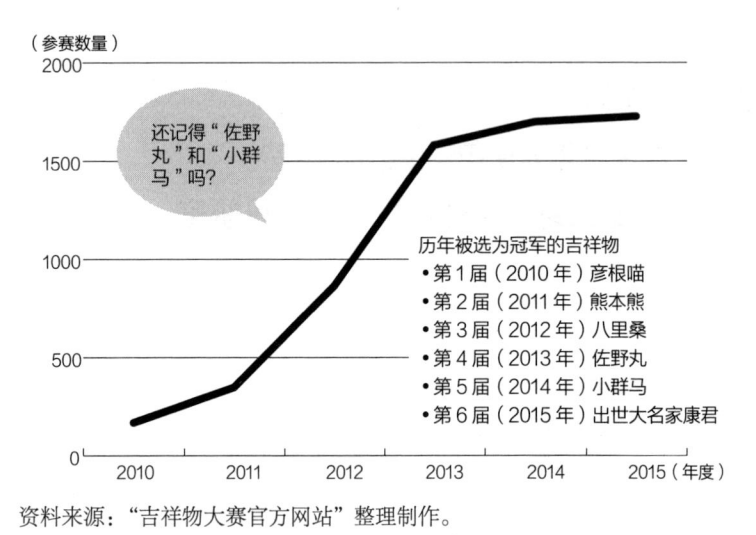

```
2000
1500  还记得"佐野丸"和"小群马"吗?
1000        历年被选为冠军的吉祥物
             • 第1届（2010年）彦根喵
             • 第2届（2011年）熊本熊
             • 第3届（2012年）八里桑
 500         • 第4届（2013年）佐野丸
             • 第5届（2014年）小群马
             • 第6届（2015年）出世大名家康君
   0
    2010  2011  2012  2013  2014  2015（年度）
```

资料来源："吉祥物大赛官方网站"整理制作。

图1-1　"吉祥物大赛"参赛数量的变化与历届获奖吉祥物

由于其形象的授权运营方式相对容易，因此开发了大量相关商品，其受欢迎程度也大大提高。熊本县为了诉求政策预算的正确性，以日本银行熊本分行发表的报告等为基础开始宣传吉祥物为熊本县带来的"经济效益"，使"吉祥物助跑地方政策"的论调在日本全国范围内得到进一步强化。

【吉祥物助跑地方政策的原因】

地方政府投入预算，制作吉祥物

·地方政府投入预算进行吉祥物宣传和推广，在吉祥物大赛中获胜。

·衍生以吉祥物为卖点的观光旅游和商品，提高当地的认知度，振兴当地。

目睹了这一过程的日本地方政府，怀着"我们的城市也可

第1章 项目的选择方式 如何正确决定"项目内容"

以这样做"的想法，投入大量预算参与到吉祥物经济竞争中，一场激烈的吉祥物大战就此展开。

▶ 吉祥物，是需要投入税金实施的经济政策吗

也许会有读者提出反对意见："你在说什么啊，吉祥物不是对商品销售和地区的观光旅游振兴有很大帮助吗？"

的确，对于部分销售地方吉祥物商品的企业来说，可能会有正面效果。但从整体来看，也有不少负面效果。例如，由于店铺中摆满了吉祥物的相关商品，就会有无法被摆放在货架上而卖不出去的商品。也就是说，形成了吉祥物商品蚕食了原有商品销售额的新的结构。

更何况很多吉祥物商品，未必是革新性开发出来的"独特的原创产品"。很多商品只是改变了现有商品的包装设计，例如在手机壳、馒头、当地畅销的酒上，印上吉祥物的卡通形象等。

如果只看到吉祥物项目所带来的"正面效果"，就很难认清地方经济振兴的真实情况。

▶ 不要陷入经济效益的"陷阱"

能够支撑吉祥物等对振兴地方产生微薄效果的证据之一，我认为可以列举出"经济效益"这一关键词。一方面人们因为其"取得了不错的经济效益"而肯定这一项目，另一方面不得不说这项数据的证据很可疑。不仅是吉祥物相关商品，如果社会上经常宣传的产生数百亿日元、数千亿日元的"经济效益"

007

能够惠及实体经济,实现经济增长的话,日本的经济增长早就高枕无忧了,但现实未必如此。因此,我们也必须重新审视地方振兴领域的经济效益。

人们对经济效益有很深的误解。一提到经济效益有上亿日元,大家就会认为是重新产生了这个世界上根本不存在的上亿日元的经济效益,这一说法等同于这个经济效益是净增长。而且媒体也会这样宣传。

但是,这是彻头彻尾的谎言。

例如,我总结了吉祥物经济效益的问题点,汇总后如图 1-2 所示。

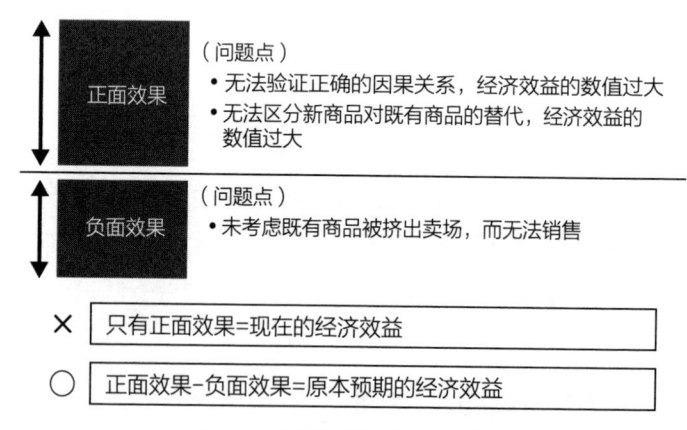

正面效果
（问题点）
- 无法验证正确的因果关系,经济效益的数值过大
- 无法区分新商品对既有商品的替代,经济效益的数值过大

负面效果
（问题点）
- 未考虑既有商品被挤出卖场,而无法销售

× 只有正面效果=现在的经济效益
○ 正面效果-负面效果=原本预期的经济效益

图 1-2 吉祥物经济效益的问题点

也就是说,吉祥物经济效益的问题点是只抽取了经济效益中的"正面效果"进行计算,而实体经济并非如此简单。

这里存在两个问题。其一是有一方经济增长,就会有一方经济下降的权衡问题;其二是由于受到供给方瓶颈的限制,经济不会无限增长的问题。

例如，如果在纪念品商店售卖吉祥物相关商品，那么原本陈列在那里售卖的商品就会被排挤出去。也就是说，即使吉祥物相关商品能卖到 100 万日元，但为此其他的商品就不能在商店销售。假设这些无法陈列、售卖的商品的销售额是 80 万日元，那么增加的不过是 20 万日元而已。

住宿设施也是如此。如果游客持续增加，地方的旅游消费额就会持续增加吗？其实不尽然。假设当地拥有住宿设施的房间只有 3000 间，而且全部是双人房。那么，即使在这个地方举办大型活动，一下子吸引来上万游客，但因为这里只能容纳 6000 人住宿，所以游客也无法全部留宿。这样，对于多出来的游客，我们就无法期待他们能够达到 2 天 1 晚的人均旅游消费额。而且，假设有 6000 名游客入住，那么就需要让平时住在这里的商务人士腾出房间，商务人士的消费也会随之下降。

像这样，由于任何事情都有限制，所以活动并非是只要有人气、只要有人来就可以了。

但是，吉祥物政策的"经济效益"的评价，却忽视了这些因素。

▶"熊本熊"的经济效益是真的吗？

以"熊本熊"为例。日本银行熊本分行在 2013 年年末宣称熊本熊带来了"超过 100 亿日元的经济效益"。但是，支撑这一数据的却是以"熊本熊相关商品销售额"为主的问卷调查。

正如前面所提到的，银行既没有考虑"熊本熊"对实体经济整体的负面效果,也没有考虑对既有商品的替换所损失的经济效益,而是全部采用加法运算,计算取得的经济效益。

一旦出现这样的数据,其他地方政府纷纷表示要"延续熊本熊模式",也可能会以这样的方式进入市场。这样说来熊本熊也很可怜。

更为严重的问题是,在很多情况下,畅销的商品取代了生产性较低的商品,并不是因为产品的技术、性能或服务优势等的提升。

不在经营上做改善商品等踏实的努力,而是"听命于地方政府",利用吉祥物热潮销售商品,把这作为地方振兴政策,既不合乎逻辑,应该也不会长久。

当然,如果是由个别民间企业共同出资,为了形成品牌而进行宣传的话,是可以理解的。但是在"市场最大化"的思维下,尽管内容空洞无物,却依靠"吉祥物的人气"来推销商品这一肤浅的策略,偏偏是地方政府不遗余力使用税金推进的项目。而且,吉祥物政策还被称为"促进地方发展的王牌",这不得不让人感叹地方政府的政策企划力严重低下。

▶ 容易被正当化的"吉祥物"政策

为了获得表面上的经济效益,日本各地方政府动用财政资金对吉祥物进行投资。

除了投入大量预算制作吉祥物,日本各地方政府还采用制作宣传动画、电视广告等多媒体战略。在吉祥物大赛的人气投票中,地方政府的公职人员全力参与投票,竭尽全力战斗。

第1章 项目的选择方式 如何正确决定"项目内容"

最近，为了在吉祥物大赛中获胜，甚至出现了地方政府向广告代理商支付巨额预算的案例。也可以这样说，最终税金被那些活用吉祥物政策的民间企业、吉祥物发起人等市场投机者联合榨取了。

像吉祥物这种短期内爆火的产业，企业通常会认真投入其中。此时，地方政府再投入大量税金在全国范围内展开争夺市场的竞争，是极不合理的。因为被一些罕见的成功案例所误导，各地方政府蜂拥而至，都以成为"第二个成功案例、第三个成功案例"为目标，使用税金互相竞争，只能说是徒劳无益。

话虽如此，但还是有很多很可爱的吉祥物角色的。只要不是特别让人不喜欢的设计，吉祥物在本地的活动中一登场，就会深受孩子们的欢迎。同时，当地的商家把吉祥物卡通形象用于外包装设计获利颇丰，因此吉祥物也得到了他们的支持。

而且，从日本的"箱子行政"①的角度来看，在吉祥物方面投入的预算只不过数千万日元或数亿日元的小数目。最终，由于吉祥物不容易引起公开的反对，所以在政策上更容易被采用。

不少日本地方政府的财政都处于捉襟见肘的状态。明明当地的经济状况有很多需要改善的地方，但不知为何他们却一致对外，在"吉祥物"竞争中展开了激战。

例如，就连在2014年发表"财政破产危机"的千叶县富津市也开发了"吉祥物"项目，让人不由得想对他们说："喂，这

---

① 日本政府经常在政府大楼、学校、公民馆、博物馆、主题公园等公共设施的建设上投入大量税金，大兴土木的政策。——译者注

没问题吗？"当然，事实并非如此。

▶ **正视当地经济的"改善"，不用吉祥物进行"赌博"**

原本，就"吉祥物"在全国范围内作战投入预算之前，首先应该正视当地的经济活动。例如提高各自的商品力，提高附加价值，盘活地区内的闲置房产，增加新的创业者等，这些脚踏实地的做法，既可以为当地提供更多的就业岗位，又可以避免卷入那场徒劳的吉祥物竞争，还可以适当地促进设备投资。

然而，如果当地政府相关人士以居高临下的态度对企业说"不要做那些生产率低的工作，再多想想办法！"就会招致反感。于是，地方政府努力打造人气吉祥物，通过吉祥物相关商品让当地企业暂时获得短期收益。因为这样做很容易得到企业的支持，所以地方政府很乐于选择吉祥物经济政策。但是，受欢迎的吉祥物毕竟只是一小部分，大部分地方的吉祥物项目都是以花光经费而告终……

地方政府致力于推进的地方振兴政策，大多集中于当时的热门话题，或虽然没有确切的数据支撑，但貌似能够带来巨大经济效益的项目。

但是，像吉祥物一样，大家争相加入真刀真枪的竞争，最后虎头蛇尾结束的案例也不在少数。这种无论哪个地区都无法获得幸福的"徒劳的战争"，几乎每次都会上演。不久，人们就会说"这已经落伍了，没有效果了"，然后去寻找下一个成为徒劳战争的"地方振兴项目"。

尽管不能说是全部，但这样的事情一直在反复上演。正因如此，地方政府虽然开展地方振兴项目数十年，但财政收入迟迟无法增加，只有支出在不断增加，导致财政状况不断恶化。如此这般，接下来就会引发"地方政府即将破产"的骚动，然后再次提出要"振兴地方"的说法。

从"吉祥物"政策中我们可以得到的教训是，最好不要对由地方政府主导的地方振兴项目抱有期待。我认为在地方由民间主导踏实积累起来的项目，才是最值得信赖的重振地方的做法。

02. 特产

为何会生产出"难以下咽"的特产？
如果真想卖的话，就先"推销"吧

另一个在日本全国各地被广泛采用的"项目"，就是"特产开发"。利用当地现有的原料开发商品，如果能够热卖就能使地方起死回生。以此为目标，日本在全国范围内推进特产开发。

但是，像这样的项目有多少能够奏效，成为振兴地方发展的案例呢？我对此抱有疑虑。当我去地方时，当地人端出"最近刚开发出来的特产"让我试吃，但有些经常令人难以下咽。

这样的特产开发为什么会畅通无阻呢？背后隐藏着当地的问题。

▶ **预算型"特产开发"的问题点是什么？**

在以第一产业为中心的地方，特产开发经常被认为是"振兴地方的王牌"。地方政府会组成地区协会，推进"打造我们的乡镇特产"的活动。

例如"六次产业化"〔农业、水产业等一次产业，通过加工（二次产业）、流通和销售等（三次产业）展开〕、"农商工联盟"，最近还出现了"故乡名产"等专有名词。事实上，日本各省厅和地方政府,都在为扶持特产开发而支付预算。

那么,为什么要进行特产开发呢?从理论上说,将当地的原材料加工成特产再进行销售,比直接销售原材料更赚钱。

例如,与其将柚子直接出售,不如将柚子压榨后加工成柚子醋,以提高价格获得利润。当然,这个逻辑本身并没有问题。然而,生产出来的特产一定能卖得出去吗?事实并没有那么简单。

大家环顾一下零售店和卖场就会明白,不仅是特产,各种各样的制造商的商品彼此都是竞争对手。因此,生产出商品是好事,但"根本卖不出去",甚至"根本就没有人进货"的情况也很常见。

在这种情况下,很容易不断增加特产开发的预算,甚至出现了"因为有了预算"才生产商品的情况。

▶ 本地的商品就一定能卖得出去吗?特产开发的"幻想"

这种预算型的特产开发,会不断产生"卖不出去的商品"。这其中,存在以下三个问题。

● 问题1:商品本身的错误

商品本身是对成功商品的复制,或容易被流行趋势所左右。例如,开发了像果酱、果汁、咖喱等过去在其他地区获得成功后很容易复制的商品,或者开发了"饮料醋"等当时流行的商品。一些资金不足甚至需要补助金的生产者和加工者的团体,进入了竞争对手众多的人气商品市场,最终只能被吞噬。

● 问题2：原材料的错误

尽管毫无根据，但很多人就是认为"自己当地的产品是日本最美味的食物"，并以此为前提，推进特产开发项目。还有些人选择了"生产过剩，原本被丢弃的材料"作原材料。总之，他们并不是以"能销售出去的最终的商品形象"为依据选择原材料，而是从"地域资源"的角度出发，以本地的原材料来考虑生产什么商品。

● 问题3：过于相信加工技术

地方误以为"只要引进新技术，商品就能大卖"。例如，他们干劲儿十足地引进新的冷冻技术。只是购买了高额的制造设备还算好的，但如果最终零售店指出"毕竟是冷冻食品，味道还是差了一些"，以此压低价格购入商品，那么就完全损失了投资购买设备的钱。

也就是说，最终演变成了"依赖技术"，而没有考虑"究竟投入在加工技术上的资金，能否转嫁到商品价格上来"。

最严重的问题是，像这样对商品、原料、技术的"错误的选择"，最终导致具体的商品形象模糊不清，缺乏整合性。

于是，生产了大量诸如"使用了当地洋葱制成的烧酒""使用了奇怪颜色的蔬菜制成的咖喱"等，这些在讨论"畅销""滞销"与否之前就存在问题的商品。在各地出差时，我曾多次试吃这种"卖不出的商品"。"为什么会出现这种商品呢？"一思考这个问题我的心情就变得非常沉重。

▶ 生产"难以下咽"的特产的原因

那么,为什么会接连不断地生产这样的商品呢?其背后隐藏着非常严重的结构问题。这是因为特产开发,是以"生产者""加工者""公务员"为主的"协会组织"推进的,而最重要的消费地的经销商和消费者几乎没有参与。

也就是说,由于基本流程是"先生产后销售",因此在产品设计初期,没怎么征求经销商和消费者的意见。

在定价时也多采用"成本加乘定价法",即在原材料费、加工费、物流费等单位成本的基础上,再加上生产者和加工者想要的利润。结果,商品自然就变成了"超高价格"。

当然,如果有正当的理由,价格高些也无妨。但是,如果仅仅因为经费的加乘而导致价格提高,那就只是"生产者"单方面的问题,对于经销商和消费者来说是无法接受的。在产品设计和产品定价阶段,如果没有经销商和消费者的参与,生产出来的商品是不可能畅销的。

这样一来,当商品价格过高时,竟然会出现"将商品卖给东京或海外的富裕阶层"之类的解决方法。这一想法实在让人瞠目结舌。

我也曾有过类似的痛苦经历。那是我参与某个地区特产开发协会组织时发生的一件事。当时社会上正流行"饮料醋",当地也用特产水果制作了"果醋",并试图以较高的价格大量推销。

我坚信事情并没有那么简单。于是,拜托早前结识的一些早稻田商会的店家，让他们以注重口感的常客为对象进行调查。

果醋的价格较高，所以平时购买普通醋的消费者根本不会注意这款商品。对此感兴趣的只有那些食用高级醋的消费者。但是，这样的消费者不愧是对全世界的饮料醋了若指掌，对这款醋的食用反馈毫不留情。"这种醋，北欧产的更好喝""口感上，酸度太高了""应该改变瓶身的设计"等，商品收到了很多苛刻的反馈。

像这样本身并不是面向富裕阶层而开发的特产商品，如果单纯地抬高价格，是不可能卖给比生产者知识更丰富的"注重口感的富裕阶层"的。

另外，因为觉得"太贵了，可能会卖不出去"而气馁，就使用补助金，这种通过补助降低各项经费，以表面上的"低价"销售的案例也层出不穷。然后，补助金一旦用完，就若无其事地调高价格，商品自然卖不出去了。

由于"协会组织"的推进方式，使商品的定价出现了问题。其原因在于进行商品化决策时，负责人不是以对项目的合理判断来决定的，而是基于"协会组织成员的共识"来决定的。

受到当地政府委托、经营销售特产的店铺或多或少都有被这种不稳定的地方特产开发政策折腾得精疲力竭的经历。

前面提到的因用光补助金而"突然涨价"的情况或许还算好些，更严重的是到了年末由于预算用尽而突然停止生产，或者在寄售关系中以"补助金减少"为由突然中断支付货款的情况。

第1章　项目的选择方式　如何正确决定"项目内容"

这些"政府预算的借口",对于一般的销售商品的店铺来说是完全行不通的。这样的应对方式,只会让销售商品的店铺产生"不再与地方政府做生意"的想法。

▶ **开发特产需要的不是"预算",而是"预售"**

另外,事实上,在开发特产时,也有可供参考的案例。

这是一个叫作"东京蔬果店之会"的组织开展的项目。虽然是由东京都内的"3家规模很小的蔬果店"组成的,但实际上他们凭借"自身的销售能力",在没有使用补助金的情况下,与生产者合作进行了独特的"特产开发"。

具体来说,他们做了什么? 2014年,他们在各自的蔬菜店分别募集了30名"客户体验人员",让这些人试吃样品。

通过这一试吃体验,来决定售卖的商品。此后,采用了与各个店铺"约定预售数量"(这一点很重要!),然后向产地订货,根据销售情况追加订单的方法。

与高知县生产者合作制作的"蘘荷草泡菜",作为采用这一方法实施的第一批产品,十分畅销,甚至到了供不应求的地步。

通过这个案例我们可以很清楚地发现,开发特产需要的不是"预算",而是"预售"。

像"东京蔬果店之会"这样小规模的店铺团体,正因为能针对自己店铺的顾客进行精准推销,才使其与生产地合作的特产开发走向成功。

从最开始就与拥有销售能力的店铺合作,与生产者一起创造能够畅销的商品。因为在合同中约定了商品的销售数量,所以对生产者来说风险很小。而且这样店铺就可以从商品企划切实转变为对顾客的观察，顾客一旦接受商品就能马上进行销售。然后，根据销售业绩，逐渐增加商品的产量。像这样，正因为从最初就没有行政预算的介入，所以一切都顺理成章，不用勉强就可以持续下去。

按照以往的做法，依靠"预算的力量"推进"内部人员认可的商品开发"、优先实行对单方有益的交易方法，不仅不能振兴地方，反而容易失去地方的信用。今后所需要的特产开发，要把销售的意识放在最前端，在正视市场的同时不断进行切实的改善，提高销量，促进地区繁荣。

东京蔬果店之会凭借"自身的销售能力"，不使用补助金，与生产者联合开发特产，取得了成功。

03. 地方品牌

> "山寨地方品牌"是有勇无谋
> **持续改变销售时机、销售地点、销售商品**

特产开发，不仅没有因为使用预算生产卖不出去的商品而消失，如今反倒发展成打造"地方品牌"的项目。也就是说，有人认为卖不出去的特产，只要贴上"地方品牌"的标签就能卖出去了。令人费解的是，本来就卖不出去的商品为什么能够成为"品牌"？这么不可思议的事情，在某些地方振兴领域却畅通无阻。

滞销的商品突然成为地区主推的品牌且销量很好，这件事听起来总让人觉得很奇怪。以 2006 年开始实行的地方团体商标制度为契机，日本全国展开了"地方品牌"的竞争（表 1-1）。

表 1-1　地方团体商标的注册数量和申请数量（截至 2016 年 3 月 31 日）
请关注您所居住的都道府县。大家能想到居然有这么多的"地方品牌"吗？

地方	注册数量	申请数量	地方	注册数量	申请数量
北海道	27	51	京都	62	150
青森	9	18	大阪	11	15
岩手	5	10	兵库	35	63
宫城	6	14	奈良	11	15

(续表)

地方	注册数量	申请数量	地方	注册数量	申请数量
秋田	9	16	和歌山	13	17
山形	10	22	鸟取	6	6
福岛	4	15	岛根	7	12
茨城	2	7	冈山	6	12
栃木	8	10	广岛	14	26
群马	9	13	山口	6	9
埼玉	5	11	香川	5	7
千叶	14	24	德岛	6	8
东京	17	32	高知	5	9
神奈川	8	19	爱媛	11	17
新泻	12	34	福冈	17	27
长野	8	29	佐贺	7	9
山梨	5	12	长崎	8	18
静冈	21	35	熊本	12	19
爱知	15	34	大分	12	15
岐阜	29	42	宫崎	7	18
三重	15	28	鹿儿岛	14	23
富山	9	15	冲绳	15	42
石川	28	41			
福井	16	24			
滋贺	10	28	海外	3	9

来源：作者依据日本特许厅资料制成。

事实上，在日本的地方品牌中，既有像米泽（山形县米泽市）牛、大间（青森县大间町）金枪鱼等已经取得成果，成为传统品牌注册了商标的，也出现了很多鱼目混珠的"山寨地方品牌"。

当地政府与顾问公司联手，以部分成功案例为素材，以获取补助金为目的开展项目，结果遭遇挫折。在地方品牌项目中，这样的事情层出不穷。

▶ **"地方品牌化"时容易落入的陷阱**

对于大多数地区来说，突然推进地方品牌化是不合理的。之所以会失败，主要有以下几个原因。

● **原因1：不适合品牌化的平凡的"地区"和"商品"**

地方品牌，是由"有一定知名度的地区"和"有特色的商品"组合在一起才形成的。

原本，仅凭名字就让人联想到当地的特色、社会共同认可的故事，拥有提升品牌力价值的地方就不多。在很多地区，想要实现品牌化的肉类、鱼类、贝类、大米、水等商品，或者是山、田野、海洋、河流等观光资源，放眼日本全境都是随处可见的，相互之间的差异化其实并不明显。

我并不是要否认某个地区。但是，将平凡的地区和商品特意打造成"地方品牌"来振兴地方的做法，本身并不合适。

● **原因2：依赖顾问公司，只会产生"通用的地方品牌"**

此外，推进地方品牌建设的农协或商工会等，也很少自己思考、自己筹措资金、自己投资。绝大部分都是利用国家和地方政府提供的补助金，甚至依靠顾问公司来推进计划。

而且，来自外部的徒有虚名的顾问，为了得到这份工作而称赞"这么美味的食物，这么美丽的景色，一定能成为品牌"，于是开始了地方品牌开发。这时，便出现了每个地方都相同的打造"地方品牌七要素"。

（1）耳熟能详的宣传语（日本第一的……）
（2）随意的地方商品选定
（3）使用当地地名的品牌名称
（4）设计相近的品牌标识（Logo）
（5）使用美丽照片的大型海报
（6）内容空洞的时尚 Web 网站
（7）在东京黄金地段举行的活动

通过相同的流程，使用各地大同小异的农产品，制成了商品或旅游商品。品牌化的目标，原本是要制造高附加价值的商品，但整个日本却以同样的流程制造出通用的商品。结果，这些商品或宣传标语只能搁置在当地的公路驿站。

并且，在财政预算用完时顾问公司也会离开，那些"自称是地方品牌"的商品也会被丢弃。

● 原因3：资源不足，却采用高难度的方法打造品牌

品牌塑造，原本就是一种难度极高的营销方法。

要想区别于其他商品，可以在产品本身、价格设定、服务理念、品牌差异化四个方面下功夫。其中，就品牌差异化而言，要让顾客对其产品产生一种特别的亲近感，产生区别于其他产品的积极的购买欲望，形成品质上的无形资产，需要花费大量的时间和人力，是相当难的一种方法。即使是大企业投入巨额资金，也无法在一朝一夕形成品牌，而且很难维持下去。

▶ 与品牌化相比，更重要的是提升商品附加价值的对策

在人力、物力、财力资源长期不足且日益凋敝的地方，以地方振兴为目标，突然选择既消耗时间又浪费预算、难度极高的品牌化项目本身就不合理。

更为重要的是，首先应该通过改变自己的销售方式和生产方式，尝试提升商品的附加价值。

让我们来看两个案例吧。

● 案例1：在大家不销售商品的时候销售商品

在提高商品的价值方面，有一种方法是"在大家不销售商品的时候销售商品"。有个优秀的案例是渔民们有效利用"羽田市场"的做法。他们将从全国各地渔场捕获的鱼贝类，经由地方机场空运到羽田机场，再销往东京都内和海外。

岁末年初，家人好友团聚、开派对等，对鱼的消费量也会

增加。但批发市场在年节期间关门停业，新鲜的鱼无法流通。因此，羽田市场取消了岁末年初的休假，与地方的渔民合作，从地方机场空运新鲜捕获的鱼，在东京的百货公司等地销售。因为是空运，所以当天早上捕获的鱼傍晚就能在东京都内销售。这项举措大受欢迎，人们竞相高价购买。

地方的渔民们因为能以很高的鱼价进行交易，也都充满了干劲儿。热心的渔民还亲自给鱼放血以去除鱼腥味，为了保鲜细致地给鱼铺上冰块等，努力改善商品质量，有的还会附上印有自己名字的广告单。由于顾客知道了渔民的名字，有些甚至会发展成通过脸书（Facebook）账号与渔民取得联系，指名购买。

通过应用新的物流体系，在大家都不销售商品的时候销售商品，提高了地方商品的附加价值。这是比地方品牌化更为合理的方法。

● **案例 2：栽种和销售最适合店家特定菜单的农作物品种**

以其独特的农园经营方式而闻名的久松农园就是一个很好的例子。

久松农园不生产销售市场上流通的普通农产品，而是先开拓作为生意伙伴的餐饮店。并且，依据那家餐饮店主厨设计的菜单选定最适合的蔬菜品种，在种植培育上下功夫。

例如，生菜作为被大量种植的普通蔬菜，少量种植是不赚钱的。但是，久松农园的生意伙伴餐厅在冬天即将推出一款"生菜火锅"。如果能够培育出适合这一菜品的加热后味道更佳的生菜，就能产生竞争力。像这样，久松农园提供了其他地方没有的，对餐饮店有利的价值，提升了农作物的附加价值。

而且，这些举措不仅取得了实际的业绩，还创造了个别"品牌"。因此，不应该从打造品牌入手，而应该根据顾客需求改变流通方式，甚至改变商品，重新调整与顾客的关系。由此，会得到顾客的热烈支持，既积累了信用，又加深了区别于其他地方的安心感和特别感。

我认为，不是因为有了品牌商品才会畅销，而是销售的结果形成了品牌。通过这些事例我们可以发现，所谓品牌，是在日积月累下形成的结果。

自己不做任何改变，单纯依靠补助金打造成品牌就能一举逆转，这样的好事是不存在的。首先要经受考验的是，地方生产者及其相关人员是否积极地应对时代的变化。

04. 商品优惠券

为何要与其他地方做"几乎完全一样的项目"?
"与万能相比只有小众项目"才能拯救地方

关于地方振兴项目选择的问题,不仅仅是所选项目的内容本身,还有一个问题就是全日本47个都道府县约1800个地方政府都选择了"相同的项目",做着几乎同一件事情。由于很多地方没有自己策划项目的能力,就选择了像前面所提到的"吉祥物""特产开发""地方品牌开发"等,由国家支付预算,曾经在很多地方都有先例的项目。结果就出现了无论哪个地区都做着同样项目的奇怪现象。

遗憾的是,国家和地方政府的这种"近似结构"至今仍然很严重。

能够清楚地看出这种近似结构的典型案例之一,就是在"前言"中提到的"商品优惠券"。

正如日本时事通信社等媒体详细报道的那样,政府在分配地方振兴的相关补助金时,刚一提出商品优惠券这一建议,就有1739个市区町村和30个都道府县提出了要实施商品优惠券这项计划。

当时日本市町村共1741个,可以说几乎100%的地方政府

第 1 章　项目的选择方式　如何正确决定"项目内容"

都开展了这项计划。此后，包括东京都在内的 47 个道府县还开展了类似于使用商品优惠券的旅游优惠券项目。

姑且不论商品优惠券的正确与否，单说国家刚一出台政策，各个地方政府就想着"不要被其他地方政府超越"，便在日本全国范围内开展了同样的项目。

▶ 如何打造小众化的项目内容

以前，商业类的促销项目，是通过商业街的会费，由民间主导实施的。

正因为只在一部分商业街进行促销，因此会招揽比平时多的周边顾客，各个店铺获得了超过商品优惠券补贴部分的营业额，最终也给当地带来了利益。但是，这是在经济扩张的薄利多销时代流行的做法。在当代这种收缩型社会，这样的做法只会演变成消耗战。

不知从何时起，地方政府开始以补助金的形式对这种薄利多销的促销手法进行扶持，并且最终演变成全国统一投入税金的国家政策。这可能是一项紧急经济对策，但是我们却无法再期待其提振地方的效果。

究其原因，即使在全国范围内以"商品优惠券"的名义降价，也只会得到平均分。因为在日本全国各个地方都做着同样的事情，消费者反而没有选择某个特定地区的理由了。

现在地区所需要的是，打造一个能够得到一小部分人强烈支持的、具有突出内容的项目。

实际上，已经有这种聚焦适合于当地"人才"和"环境变

029

化"的特殊项目，制造"突出卖点"而取得成果的案例。这些成功地区没有盲目地打折，而是朝着提高商品附加值的方向发展。

在此，为大家介绍两个聚焦适合当地人才和环境变化而选择小众化项目的案例。

● 案例1：著名排球教练建造的民间体育馆

首先介绍的是适合当地优秀人才的特殊项目并取得成功的案例。这是岩手县紫波町（从盛冈向南乘坐电车约20分钟车程）的一个大型车站。在这个地区，有一座完全由民间资金建成的名为"OGAL ARINA"的排球专用训练场馆。

OGAL ARINA的成功有多种原因，但为什么说是由于"开展了适合当地人才的特殊化项目"而取得的成功呢？

首先，在缩小范围选定项目时需要注意的是，如果只是模仿"在其他的类似领域已经取得较好成果"的项目的话，是毫无意义、千篇一律的。

重要的是，必须以"内发资源"为基础选择特殊化的项目。

日本全国统一用税金建设的体育馆，多数是适用于所有竞技项目的多功能体育馆，但其他那些却不是最适合某一项比赛的场馆。

但是，OGAL ARINA的球场规格是以符合排球国际标准而特别设计、特别建造的。同时，取消观众席，设置了检视发球动作的照相机等。也就是说，OGAL ARINA不是用于比赛馆，而是专门用于训练而特别建造的场馆。结果，尽管这一场馆建

第 1 章　项目的选择方式　如何正确决定"项目内容"

在岩手县紫波町，地理位置一般，却能满足日本全国各地中学生和职业选手的练习需求，满负荷运转。此外，利用这些客源，作为住宿设施一并设立的商务酒店的营业利润率也有所提高。

担任 OGAL ARINA 社长的是当地出生的冈崎正信先生，正因为他也曾担任过排球教练，是能够打理包括职业球队在内的多方面业务的经营型人才，才能使这一小众项目成功。以人才的营运能力为基础打造专业化的设施，相比于其他多功能性的综合场馆，成功地吸引了日本全国各地的顾客。

● **案例 2：将目标锁定为骑行爱好者的酒店**

接下来介绍的是一个针对环境变化开展小众化项目的案例：在旅游项目上取得成功的，广岛县的一个复合设施。

在推销地方旅游时，"我们的乡镇是……之乡"这种从江户时代延续下来的传统的宣传文案的确很重要，但如果只是执着于此，就等于对固有模式的沿袭。因为以当地的历史和传说为基础的观光项目在日本随处可见。

那么，如何开发独具特色的地方项目呢？

近来，连接广岛县和爱媛县的"岛波海道"吸引了来自世界各地的骑行爱好者。广岛县尾道市感知到这种环境的新变化，在当地出现了名为"ONOMICHI U2"的复合设施。"ONOMICHI U2"是由当地年轻经营者成立的公司借用县营的废弃仓库改造而成的，经营了酒店、餐厅等。

"ONOMICHI U2"的核心设施自行车主题酒店"HOTEL CY-

031

ONOMICHI U2

"ONOMICHI U2"借用广岛县的县营仓库，经营了酒店、餐厅等。这里不仅服务于骑行爱好者，还吸引了很多慕名而来的客人。

CLE"的特点是，顾客可以骑着自行车办理入住手续，还可以将自行车带进客房。因为骑行爱好者所拥有的自行车大多是定制的，极其昂贵，所以有想要拿到房间去的特殊化的需求，而且经营者还考虑到了顾客的玩儿心。

不只回顾过去，还要面向未来，感知地区变化的征兆，通过小众化项目为地方带来与以往完全不同的优势。

▶ "从国家到地方政府"的方式，已经到极限了吗？

由民间主导开展适合当地人才和环境的小众化项目的推进方式给地方带来了巨大变化，这样的案例正在不断增加。

而且，OGAL ORINA、ONOMICHI U2 都是以当地 40 岁左右的中坚经营人才为主体，独立经营的。此外，项目还可以获得来自地区之外的资金"外币"，作为单独的商业活动非常成功。

第 1 章　项目的选择方式　如何正确决定"项目内容"

以上两个项目，既有为增加地区"收入"作贡献的公共意识，又是自己也能营利的民间项目。这与以往的振兴地方的项目截然不同。

正因如此，他们的项目不需要通过降价来追求商品销售数量的增长，他们的发展方向是增加商品附加价值，同时开发周边商业配套。

这让我意识到，振兴地方的指挥棒不是"从国家到地方政府"，而是有必要跳过地方政府，将其转交给地方的中坚力量、年轻的经营人才。

各位读者的家乡一定也有这样的中坚人才。让我们从千篇一律的做法中跳脱出来，致力于做一些基于"内发性"的小众项目如何？

05. 商业计划竞赛

> 依靠他人力量想出的创意是行不通的
> 要想成功，"马上""自己"开始做吧

困扰于"项目选择"的地方政府，有时会把让大家一起帮忙思考"项目"作为地方振兴政策的一项。

最近，日本各地都在开展"商业计划竞赛"（简称商业竞赛），让大家思考对地方振兴和激发活性化不可或缺的新项目，并就新的创意展开竞争。乍一看，很容易让人产生"通过征集创意，推行被判定为优秀的项目，就能振兴地方"的想法，但事实并非如此简单。

原本，为了打破地方衰退的状况，首先要重整缩小既有的项目。不仅如此，也有必要创立新的项目，建立"赚钱的机制"，为提高地区外收入、增加就业机会等做积极的努力。

通过商业竞赛来征集创意，虽然在农林水产业、工业、商业等各个领域都在推行，但却很难走上正轨。究其原因，在于存在着很多阻碍当地新项目的"看不见的壁垒"。在此，介绍一下在各个地区都很常见的具有代表性的"三个壁垒"。

▶ "没听说""搞不懂"——无关人士筑起的壁垒

● 看不见的壁垒1：周围人的抱怨大战

不仅限于商业竞赛，在地方创立新项目时，初期阶段就会出现各种各样的声音。周围的人会很快发现这一新举措，甚至连与该项目毫不相关的人也会做出反应。有的人会说"没听说过这样的事"，当向他们解释时，他们又会说"这种项目，实在搞不懂"，然后开始提意见。

如果无视这样的声音，下次就会有"那个项目，不会顺利的"等声音，甚至会散播不好的传闻。在地方开展新项目时，会出现很多"不必要的表达自己意见的人"。

像这样，地方要开展项目时麻烦的是，不仅要与项目的直接利害相关人士，还需要对不承担风险、对项目没有什么特别影响的人"汇报项目进展"，征求他们的"许可与意见"。

这是一堵看似很小，实则很大的壁垒。在衰退的地方，这些人可能只是想发表一句自己的意见，但在新项目开展的初期阶段，没有时间一一应对这些问题。原本，在新项目的初期阶段，如果不尽量专注于项目本身，就很难取得成果。但是，在当地，与项目没有直接关系的人会带来各种各样的阻碍。有时，他们甚至会伪装成很热心的样子，很难分辨，非常麻烦。

如果不能很好地度过最初的阶段，项目就会不断地出现偏差、延迟，也有很多在还没有挑战的情况下就胎死腹中。

● 看不见的壁垒 2：缺乏有审查能力的人

商业竞赛本身也存在问题。商业竞赛项目在日本全国各地多以召集在当地思考新项目的年轻人，让他们发表项目企划案，再交由审查委员会进行审查，对符合标准的企划案提供奖金和补助金的形式开展。

乍一看似乎是一个很棒的项目，但事实并非如此。

审查委员会的委员主要由衰退的商业街的店主、负责贷款审查业务的当地金融机构的负责人、地方政府的商业政策负责人、当地大学的老师、来路不明的顾问公司等担任。而大多数情况是，这些人并没有自己创立新项目，并使其步入正轨。

这样的一群人聚在一起审查新的项目，这种审查到底意义何在？如果真的有这样的预算和能力，审查委员们还是先做个项目给大家示范为好。做项目重要的不是纸上谈兵，而是以结果来判断成功与否。我认为在地方推进项目时，不应该重视审查，而应该自己走在最前面，亲自带领。

● 看不见的壁垒 3：无论是否取得好的评价，都会有问题

更令人苦恼的是，参加这种商业竞赛的人们，在商业竞赛中无论是否取得好的评价，都会有问题。

首先，运气不好落选的人，好不容易想在当地创业，但因为这个企划案展示，在创业之前就被打上了"那个家伙制定了不合格的企划案"的烙印。

此外，问题也会落到在审查中获得较高评价的人的身上。

第1章 项目的选择方式 如何正确决定"项目内容"

一方面，在没有进行任何挑战的阶段，就凭借项目展示获得冠军奖金。另一方面，这才是第一个项目，却从一开始就受到补助金的诱惑。

近来，苦恼于参赛人员不足的商业竞赛，开始随意指定学生和年轻人制订计划，在计划实践之前就审查使其失败，或者诱惑其使用补助金，甚至有些案例与"女巫审判"①的做法相近。没有进行过项目实践的大人们聚集在一起，强迫年轻人去做新项目，再导致计划破灭的事情本身，就很莫名其妙。

如果这样的事情反复出现，地方就会丧失正常开展新项目的能力。在那个地区，就会不断地出现在尝试新项目之前就使其破灭的壁垒。

我们不可能事先知道地方的哪一个新项目会取得成功。所以大家都只能是先尝试着做，不断修正项目取得成果。因此，在项目计划阶段就一些细枝末节逐一"讨论"本身就是无稽之谈。

地方要开展的新项目，并非是要建设需要耗费巨额资金的工厂，而是以只需要几十万日元就可以尝试的小型项目居多。在开展这种小规模项目之前，花费数百万日元的预算以及大家的精力来进行讨论，这件事本身就很滑稽。

---

① 又称魔女狩猎、魔女审判，是欧洲基督教对其所谓的异端进行迫害的方式之一。良家妇女一旦被诬蔑为"女巫"，立刻被斩首示众，然后被焚烧尸体。自1480年延续到1780年的迫害"女巫"恶潮，席卷欧洲300年。——译者注

037

▶ 不在意周围评价的人，成功了

认真创立项目的人，原本就不会参加商业比赛，而是马上从自己开始做起。今后，创业的人不要接受蹩脚的审查，首先自己做做看吧。接下来，再与那些领先的、在当地取得业绩的企业家进行交流。

事实上，那些在当地开创新项目并取得实际业绩的人，巧妙地躲开了初期的指责，没有参加无聊的商业竞赛，而是特立独行，通过自我挑战、不断试错取得成果。

例如，在石垣岛经营珠宝品牌"TILIAEARTH"的平良静男社长就属于这样的案例。现在，"TILIAEARTH"已经从石垣岛远销到冲绳本岛，珠宝店进驻伊势丹总店，2016年在银座东急广场也开设了分店。但是，平良静男社长说，当他在石垣岛斥资800万日元开设第一家小型珠宝店时，周围的人都说："这么气派的店，在石垣岛不可能流行。三天就会倒闭。"

人们认为，当地以销售几百日元的土特产为主，不可能进行高附加值商品的生产和销售。但是，该公司的珠宝凭借珊瑚和太阳等具有石垣岛风格的故事性和出色的设计获得了巨大成功，如今不仅风靡日本全国，而且名扬海外。以"TILIAE-ARTH"等公司的活跃为契机，现在石垣岛产生、发展了各种高附加值的商品和服务。

像这样，在地方的新项目还处于初期阶段时会有各种各样的人提出"这呀那呀"之类的非议，但不要被这些非议所左右，要忽略它，和同伴一起专注于项目，不断地尝试、摸索，如果能

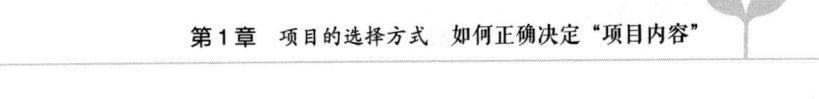

够取得实际业绩的话，好评就会紧随其后。

　　重要的是，要取得成果。有了成果，评价就会随之而来。特别是评价，通常不是在地区内部，而是在地区外部提升的。以获得外部评价的事实为基础，地区内部的评价也会提高。我们必须时刻意识到这一顺序。

　　千里之行，始于足下。在开始工作之前，不要盲目地进行评估，而是要在工作开始后集中精力，不断修正工作轨道，专心做出成果。这才是在地方工作时必须时刻意识到的铁则。

06. 政府部门打造的成功案例
> 被全国模仿的"伪成功案例"
通过"五个要点"分辨是否是真正的成功

在寻找地方振兴"项目"时，很多地方政府和致力于地方振兴的团体，都会以日本省厅各部门发放的"成功案例集"为线索。但是，这个成功案例集表里不一，切不可掉以轻心。

地方振兴项目的成功案例，大致可分为"民间主导的案例"和"行政主导的案例"两种。其中，后者比前者更需要特殊关注。这是为什么呢？因为其中隐藏着不少"伪成功案例"。

▶ 行政部门为何要打造"亮点项目"？

"行政部门"在制定新的地方政策时，可以说一定会推出"亮点项目"。这是因为，如果没有能够成为全国的样板、能够具体说明地方多么需要这项政策的材料，就会被指责"有必要实施这样的政策吗"，无法编制预算。

为了显示政策的有效性，有时也会采取这样的方法：选定符合地方政策文件的项目，用税金进行重点支持，使那个政策看起来很成功。这时就会产生"行政部门打造的成功案例"。

这种方法最大的问题在于，"成功"仅限于投入预算后的短期内，此后失败就会暴露出来，成为地方的累赘产业，无论是在财政上还是在政策上，都会给当地留下巨大的隐患。

而且，由于政府将其作为"成功案例"进行宣传，会吸引来自全国各地的人们考察和参观，大家将这项"实际上失败的案例"视为成功案例，导致多个地区复制这一案例。这样一来，就会产生"全国范围内的失败案例的连锁反应"。

▶ 冈山县津山市和青森县青森市，为什么会失败？

那么，"政府打造的成功案例"的失败，都有哪些呢？典型的案例就是以振兴地方城市中心为目标的"地方城市中心城区活性化"政策。

我们 AIA（地方振兴联盟，Area Innovation Alliance），将事实上失败的"政府打造的成功案例"总结成《城乡失败案例集"墓碑"系列》，从中选择两个城市展开介绍。

● 失败案例 1：冈山县津山市的"ALNE 津山"复合商场

第一个失败案例是冈山县津山市。

在《地方城市中心城区活性化法》出台之时，津山市提出了"以 500 米为中心的社区营造"理念，在当时风靡一时。这个社区营造项目的象征是名为"ALNE 津山"的巨大复合设施。这一项目从国家获得援助，被介绍为"在城市中心城区建造复合型再开发设施，集合城市功能，对今后的中心城区活性化有效果"，作为成功的先进举措为日本全国所熟知。

但实际上，这是一个开发费用高达 270 亿日元的超大型项目。当然，光靠当地的力量是无法开发的，是通过国家和特殊法人投入大量的资金和补助金等税金建成的"耗费巨资的大型设施"。

这项设施在开业后被发现未支付工程款等，问题马上就暴露出来。而且，依靠远低于当初项目计划的租金收入，被迫经营这一设施的第三部门，在"ALNE 津山"开业后连续出现赤字，最终导致经营恶化到需要地方政府扶持的地步。

结果，地方政府通过购买一部分商业设施等对其实行财政援助。但是，以此为导火索，发展到市长被罢免的程度，甚至在当地造成了政治上的混乱。

● **失败案例 2：青森县青森市的"AUGA"复合大楼**

另一个失败案例是青森县青森市。

在 2006 年《地方城市中心城区活性化法》修订时，青森市与津山市一起被作为"紧凑型城市"（Compact City）的成功案例大肆报道。AUGA 复合大楼是基于该市这一政策而建造的核心复合设施。该建筑是"官民联合建筑的设施"，高层部分是图书馆等公共设施，低层部分是商业设施。

AUGA 复合大楼灵活利用了各种政府援助制度，投入约 185 亿日元建成，但在开业不久后由于房租未能达到预期，导致持续亏损，很快经营陷入了困境。

结果，为了防止 AUGA 破产，2008 年青森市通过收购运营公司的一部分债权等方式对其实行经营援助政策。之后，推行这一政策的市长在选举中落败。此后 AUGA 复合大楼虽然历经

第 1 章　项目的选择方式　如何正确决定"项目内容"

多次更改经营重组计划，但业绩始终没有好转，陷入了债务超额的困境，一直找不到解决问题的出路。最终发展到继任市长以 AUGA 复合大楼项目问题为由引咎辞职。

这两座城市，曾经于某一个时期在各种各样的成功案例中被介绍，各大报纸争相报道，全国各地的考察参观者蜂拥而至。从集约都市功能、振兴地方经济任意一点来看，作为"案例"来宣传无可厚非。但最终，如果所做的只是"在城市中心地区推行的耗费巨额财政资金的大型设施开发"的话，则不过是把适用于昭和时代那种扩大经济时期的方法照搬到现代而已。

随着失败的逐渐明朗，这些城市的做法，在媒体上的曝光率也逐渐减少。时至今日，任何成功案例集和媒体都没有刊载这种案例。当然，也不存在只收集这种失败案例的政府资料。

也就是说，事实上存在失败案例的这件事本身，被抹掉了。

▶ **为何从失败中学到的经验没有被传承，也没有为社会所共享？**

那么，接下来是更为严重的问题。

这些失败的项目所带来的负债，以及每年需要巨额维护费用的建筑本身，并没有从当地消失。也就是说，它们继续留在当地，市民必须持续承担这些费用。结果，最后吃亏的是市民。也就是说，这样的做法不仅不能使地方恢复活力，反而会

043

增加地方的负担，成为地方经济衰退的原因之一。实际上，青森市在 AUGA 复合大楼上花费了超过 200 亿日元的地方税，由此引发了两任市长辞职的政治混乱。

更令人苦恼的是，由于行政部门频繁地进行人事调动，失败案例的教训几乎没有被记住。而且，现在的大部分负责人都不太了解过去的失败案例。有时，甚至会发生这样的"事故"：本应被抹掉的失败案例，却被错误地介绍为成功案例。

我们有必要整理失败的案例，了解"为什么会失败"。这样做不是要批评个别城市，而是为了不让其他地区重蹈覆辙。因此，我们应该梳理过去的失败，让大家共享这一过程。否则，明天失败的可能就是我们自己。

但是，站在行政的立场上，无论是从组织还是从个人的角度来看，主动公开过去的失败都没有好处。因此，失败案例本身就会被抹去（被无视），没有被记住就宣告结束了。

现在，在日本全国盛行的地方振兴政策中，也介绍了各种各样的成功案例。当然，有不少是当地居民通过多年的努力而取得成果的举措。但是，其中也混杂着政府打造的成功案例和伪成功案例。

令人困扰的是，完全依靠国家资金和补助金等"耗费巨资的大型"项目，与正视市场的踏实努力的项目相提并论。在地方一线致力于创业的人们，必须能够分辨这种差异。

▶ 分辨真成功与伪成功的"五个要点"

虽然我们批判"成功案例"和"政府打造的表面上成功的

第 1 章 项目的选择方式 如何正确决定"项目内容"

案例"并存的现状，但遗憾的是这一问题并不能立刻得到改善。既然如此，我们首先要解决的就是"自我防卫"。可以通过关注以下五点，来判断被介绍的案例是否成功。

（1）初期投资不是以国家资金、补助金等财政收入为主，而是有效利用投资、融资；

（2）项目的核心业务，是否是通过商品和服务增加销售额，并以盈余结算；

（3）项目是否延续 5 年以上，是否持续取得了成果；

（4）项目领导是否不仅讲述了美丽的故事，还用数据加以说明；

（5）试着去当地进行 1 天定点观测，自己是否能够切身感受到变化。

例如，如果彻底执行上述的要点（1）（2），那么刚刚提到的两个案例，从被介绍是成功案例的阶段开始，就动用了财政收入进行开发，进而导致经营赤字，问题很容易就会被识破。这是能快速分辨貌似成功案例，但却是"危险案例"的判定方法之一。

我经常一边投资一边在地方创业，如果被错误的成功案例信息所误导，就会产生致命的问题。正因为如此，我才会亲自到各地巡视，了解事实，并且和伙伴们共享这些实际情况。

实际上，在地方进行创业的过程中，并不都是美谈，也不存在能让地区瞬间重生的戏剧性的项目，大部分都是踏实的小规模项目。用过分美丽的故事讲述，城市一下子就会复苏了，对于用这种说法介绍的项目，我们最好持怀疑的态度。如果地

045

方能那么简单地复苏，谁都不会辛苦了。

也就是说，在审视地方的各种案例时，适当的质疑能力是必要的。在对外界的信息持怀疑态度的基础上，进而思考自己在当地该如何做，通过自己反复实验实践该项目，我认为这种实感才是真实的。

当今，在建设可持续发展的地方时，最重要的不是取得多大的成功，而是不要失败；不要被其他地区的成功案例所左右，而是要竭尽全力地创建一个适合当地的踏实的小规模项目，并将其一点一点地培养起来。

07. 被击垮的成功案例

> 联合起来阻碍成功者的结构

成功地区要靠自己发布信息营利

至此，我主要讲述了凋敝的地方，或由于对全国流行的项目的拙劣地复制，或致力于获得国家预算，或参考满是谎言的成功案例而导致进一步衰退的问题。

但是，问题不止于此。还有一个问题，是民间通过不断地努力取得成果，本应该在全国被作为范本的案例，却在后来被击垮。

在"振兴某个地区"的时候，全国地方政府的相关人士关注的是当时的"成功案例"。即使在艰苦的大环境下，也一定会有当地的少数团队通过不断地积累新方法取得成果。这些"成功故事"和实际业绩，成为其他地区的人们的"希望之星"。

然而，可悲的现实是，成功案例有时被视为"政策工具"，利用数年后就被丢弃。以"将成功案例传授给大家"的名义实施的各种行政措施，实际上会成为当地的负担，长期来看有可能导致该项目衰退。

▶ 成功案例的"调查",只会让一线人员疲惫不堪

那么,成功的事业主体,会在怎样的过程中被折磨得疲惫不堪呢?

首先,他们在当地不断地努力,勤勤恳恳地逐渐做大做强项目,当取得显著的成果后,当地媒体甚至全国性媒体都报道了这一举措,直至这一项目广为人知。

这时,就会收到行政部门的"想要将贵公司的案例登载在成功案例集中,请协助调查"的联络。然后,因为行政部门"制作案例集需要一些资料",就要把自己地区的资料交给对方。过几天,需要确认制作好的案例内容,修改后将其寄回。然后,成功案例集就问世了。

紧接着,就会有各市公所接连不断地说想要将你们的案例收录在成功案例集中。而且,即使是同一个地区的政府机构或是同一个专家团也不会共享信息,于是地方一线人员每次都要忙于对付类似的咨询。

这里的问题是,对于这样的咨询,行政部门是不支付调查协助费的。一线人员要免费应对咨询、免费提供资料、免费核对资料。

但是,前来调查的专家团等机构却从政府那里获得了数百万日元甚至数亿日元的项目经费。辛辛苦苦取得成果的相关人士没有得到一分钱,而被委托进行调查的企业却赚得盆满钵满,这种"成功案例调查"至今仍在持续着。

这不仅仅是钱的问题。这种应对方式会浪费一线人员的时间。其结果是导致用于项目的资源变少。这就是"只会剥夺时间，赚不到钱，造成地方项目停滞不前的结构"。

▶ 搭乘"成功者便车"的三种形式

如果只是将地方的项目刊登在成功案例集中，或许还好。成功案例的相关人员，之后往往还要面对"考察参观""演讲""示范项目化"这三种形式的"搭便车"的结构。这是怎么回事呢？让我们逐一进行说明。

● 搭便车形式1：为应对考察参观而忙得不可开交

地方项目一旦取得成功，"请一定让我们参观成功的地方振兴项目"等来自议会、地方政府和普通人的请求就会增加。因为他们有"考察调研先进地区"的预算，所以会成群结队地前往该成功地区学习。

一旦被刊登在成功案例集中，"考察参观"的委托就会骤然增加。很多人来参观，有时会收取参观费，有时也会通过住宿和商品销售等方式给当地带来收入，但这些收入都是暂时性的。

另外，原本用于促进地方发展的时间，却被用于应对考察和参观。在此期间，很多"先进地方"忙于应对考察、参观，而地方项目却没有进展，甚至陷入了低迷期。而且，如果地方项目成果不佳，就会被遗弃，第二年大家理所当然地会去新的

"成功地区"参观。这简直类似于"烧田农业"的做法①。像这样,成功案例在"考察参观的市场"中也会被丢弃。

● 搭便车形式2:报告会热潮,导致成功案例领导者在当地的缺席

这也是一个严重的问题。成功地区的重要领导人(关键人物)会被邀请参加在全国各地举办的演讲。在全国各地受到关注后,成功地区的领导者就会接到相当多的演讲邀请,仅仅是处理这些事情就要花费大量时间,因此他们在当地的时间就会大幅减少。

的确,如果被作为代表邀请参加报告会,对相关人员来说是一件很自豪的事情。而且,如果拿到演讲费等,又会"赚一笔外快",所以无论如何都会优先考虑。同时,参加报告会的人还会访问当地,这一效果也是不容忽视的。

但是,在"报告会热潮"期间,由于领导人持续在本地缺席,结果往往导致项目成果低迷。不久之后,就会演变成"一边维持着持续恶化的项目,一边只是反复地进行着虚无的演讲活动",那就相当悲惨了。

实际上,因为成功案例是在不断变化的,所以始终没有与"报告会相一致的案例"。报告会市场,也同样用完就会被丢弃。

---

① 又称烧田农法。指在森林或草地上放火,然后以烧后的废墟培育农作物的一种农业形态。原有的植物燃烧后残留的草木灰可以作为肥料,同时有去除杂草和驱除害虫的功效。——译者注

● **搭便车形式3："示范项目化"的"陷阱"**

接下来，是第三种形式。实际上，最需要警惕的是来自政府部门的"示范项目"的邀请。

所谓示范项目，是指各省厅编制预算，以成为其他地区的"榜样"为目的开展的项目。因为使用了预算，所以其"成果"当然是各部门的功劳。

因此，取得成果的地方会收到来自各个部门的邀请，"要不要做示范项目啊"。当然，其中也有以普通的援助为目的的，但更多的只是"单纯地觊觎你的成果"。

当前是一个需要政策成果的时代。如果给成功的地区投放预算，就有可能伪装成好像能让"活性化项目预算"发挥作用一样。成功地区的案例被用来掩盖"其他荒唐的预算"。

另外，即使是成功的案例也缺乏充足的资金。对于一点点赚取利润培育项目的地方来说，一下子就会被划拨数千万日元乃至数亿日元的预算。如果成为"家乡的示范项目"，还会获得更多的预算，地方最终还是会接受。

"不符合自身能力的暂时性的庞大的预算"，会破坏踏实地积累起来的项目。例如，以前需要努力才能完成的事情，现在可以借助预算的力量委托给供应商，生产出华而不实的商品。

此外，还要制作无用且庞大的报告书，应付会计检查等，忙于与行政相关的特有的工作。结果，原来的地方项目停滞不前，在"投资"示范项目上花费了数年的时间。

即使是通过地方项目营利、取得成果，而备受瞩目的成功案例，也有在被认定为示范项目之后，主要业务出现亏损，沦为依赖预算体制的组织。地方不是因为没钱被击溃，而是会被"突如其来的巨额资金"击垮。

遗憾的是，政策负责人想要的并不是"让地区幸福"，而是可以用于政策的"成功案例"。

因此，一旦不再是成功案例，这个地方就会被抛弃，既不会被收录在成功案例集中，也不会被邀请参加演讲，更不会被列为示范项目。并且，行政负责人会因为工作调动而发生变化，地方项目成功后又失败的这一事实，甚至有可能被遗忘。最后剩下的，只是好不容易才发展起来的"萌芽"被扼杀在地区中。

▶ 我们已经不再需要"信息差商业"活动

问题出在哪里呢？

调研、考察参观、报告会、示范项目，几乎都是使用税金推进的。问题在于，这些并不是为了地方，而是为了与地方振兴政策相关的行政部门、部分受委托企业等的业务而开展的。

这一做法的结果，只是将在地方活性化上取得成果和没有取得成果的地区之间的"信息差"作为素材进行中间剥削。实际情况是，利用税金逐一击垮成功案例，对后发地区来说也是一种损失。

激活地方活力，走在最前端的是先进地区的地方振兴一线。因此，我认为走在最前端的先进地区可以自己发布信息，向感兴趣的人们提供适当的信息。

第1章 项目的选择方式 如何正确决定"项目内容"

当今随着互联网的普及，可以和各地区的地方振兴一线直接联系，交换信息也变得更加容易。如果各地区能够互相交换信息，就不会出现使用税金使一部分企业营利的制作案例集之类的信息差商业活动。这样就能够构建公平的环境。

地方振兴一线把自己做的项目整理成资料，或者将考察参观收费化，把自己从经验中获得的知识明确定价。获取信息的一方购买整理这一做法秘诀的资料或去考察参观。这等同于对地方振兴先行地区人们的努力表示敬意，以"谢礼"的形式付出等价的报酬。通过这种关系，打造出成功案例的地区可以把后发地区付出的等价报酬作为资金投资到下一个项目中，使先进地区的项目能够持续成长。共同接受挑战，彼此分享项目内容，在"可承受的范围内"支付等价报酬，如果能建立起这样的关系，就能更好地孕育出解决各种地方问题的智慧。

不要把重点放在暂时性地吸引关注上，即使是不起眼的项目，只要通过不断地积累，从地方振兴一线直接发布信息，地方的项目势必会有更好的发展。

第1章
项目的选择方式 危险度 检查表

01
- [ ] 参考了"成功案例"
- [ ] 在计划案中多次使用"经济效益"这一数字
▶ 正视当地经济的现实与改善

02
- [ ] 推进使用本地原料制作"特产"的项目
- [ ] 想要加入现在社会上的热门市场
- [ ] 没有引入"经销商"和"消费者"推进项目
▶ 在生产产品之前,先进行"推销"吧

03
- [ ] 认为将商品宣传成"品牌"就能畅销
- [ ] 为了打造品牌,委托顾问公司
▶ 反复摸索、何时卖、怎么卖、卖什么

04
- [ ] 寻找其他地方有,而当地没有的东西
- [ ] 对当地有突出个性的人望而生畏
▶ 准备具有突出内容的项目吧

05
- [ ] 自己想不出创意,马上去咨询别人
- [ ] 不希望被周围的人批评
- [ ] 相比成功,优先于不要失败
▶ 首先开始尝试,此后不断地摸索,反复修正轨道吧

06
- [ ] 不去当地,只参考成功案例集
- [ ] 不了解当地发生过的失败案例
- [ ] 没有看过成功案例的企业财务报表
▶ 时刻关注第45页的"五个要点"吧

07
- [ ] 协助各种机构开展的"调研"活动
- [ ] 免费接待来自其他地区的考察参观
▶ 自己发布信息获利吧

第 2 章

资产的运用方式

充分利用资产,创造"利润"

第2章　资产的运用方式　充分利用资产，创造"利润"

在衰退的地方，很多资产的运用方式是错误的，结果导致越努力越建造出一些亏损的资产。原本是以振兴地方为目的而投资建造的，但大多成为"花钱的资产"，而不是"赚钱的资产"。

例如，地方衰退的典型模式是，当地为了增加旅游人口，政府部门花费10亿日元甚至20亿日元，修建历史观光设施和自然观光设施，并且每年还要花费数千万日元的维护费。很多人误以为只要吸引游客前来就能促进地方发展，结果接待的游客越多，道路就使用得越频繁，磨损越高。同时，由于慕名而来的游客需要使用洗手间，导致下水道使用频繁，垃圾增加，维护卫生的人工费用也随之增加。但是，我们从游客那里获得的收入，只是门票收入500日元或1000日元而已。

可能会有人说："我们并不是单纯依靠旅游设施赢利，游客只要能在这吃午餐的话，就能赚钱！"但实际情况是，像这种只有本地人很少有外地游客的地区，餐馆只卖大同小异的盖浇饭或定食，纪念品店也只卖在任何观光地都能看到的馒头和曲奇饼干。

当地只有并不怎么有趣的观光设施和随处可见的餐饮店，以及好像在OME代工工厂生产的毫无特色的纪念品。因此，当地接待的游客越多则经费就花费得越高，相当于投资了一项别说利润甚至连成本都无法收回的项目。

在谋求旅游振兴时，我们有必要思考投资什么项目可以在当地赚更多的钱、获得更高的利润。在旅游业，最重要的是优先于接待游客数量的"旅游消费单价"，也就是作为结果的旅游消费额（旅游收入）。

接待游客数×旅游消费单价=旅游消费额

高中时期，我在早稻田商会负责旅游业务时，以修学旅行的学生为对象设计了一个在早稻田大学销售本地商品的销售体验项目。

在这个项目中，我首先让学生调查本地的农林水产产品决定要销售的商品，然后让他们将通过事前学习制作的海报张贴在早稻田大学邮局的等候室等处。在修学旅行当天，让学生们自己销售本地商品。此后，让修学旅行的学生在网上查询东京都内的非营利组织并自己预约。让他们将售卖本地商品赚到的钱捐赠给东京都内的非营利组织，并倾听组织的说明。

在这个项目中，我们投资得最多的也不过是桌子、椅子和场地费，以及负责接待的工作人员的人工费。但是我们以每人1500日元的价格出售这一销售体验产品。因为是修学旅行，所以每次都有超过100人参加，这一数量在一年内达到了数千人。并且，我们还在周边店铺为学生准备了午餐，也获利颇丰。

我们不仅要思考看得见的因素，还要思考看不见的因素。而且，不要投资那些大型的但无法获得收益的项目，而要持续投资那些小型的但能够稳健营利、能够赚钱的"项目"。这样一来，地方才能切实地被激活。

01. 公路驿站

| 地方"资产"问题的象征
| **民间正视"市场",赚钱吧**

地方存在的"资产"问题的象征,就是遍布全国各地的"公路驿站"。

首先,问大家一个问题。公路驿站是谁建造的呢?我想可能会有很多人认为,这是"当地的民间从业者,将其作为可以买到当地特产的便利商业设施而自己投资、运营的"。

然而,事实上约有八成的公路驿站是由政府建造的,隶属公共设施之一。

因此,公路驿站会出现如下问题:工作人员对于提高销售额做得不够努力,建筑物过于气派导致成本过高,甚至出现"即使破产,行政部门会承担责任"的想法,导致经营状况不断恶化。在此,让我们来检验一下,公路驿站是否能够成为"持续赚钱的引擎"吧。

▶ **激烈的公路驿站竞争,"失败的驿站"成为地方的沉重负担**

公路驿站,是日本建设省(现国土交通省)于 1993 年创立认定制度，批准建设的复合多功能型公共服务站点，第一批建设的公路驿站共 103 处。现在日本全国分布着 1093 座（截至 2016 年 5 月 10 日）公路驿站（图 2-1）。建成了这么多的公路驿站，正如各个地方所报道的那样，既有营利的公路驿站，也有彻底失败的公路驿站。

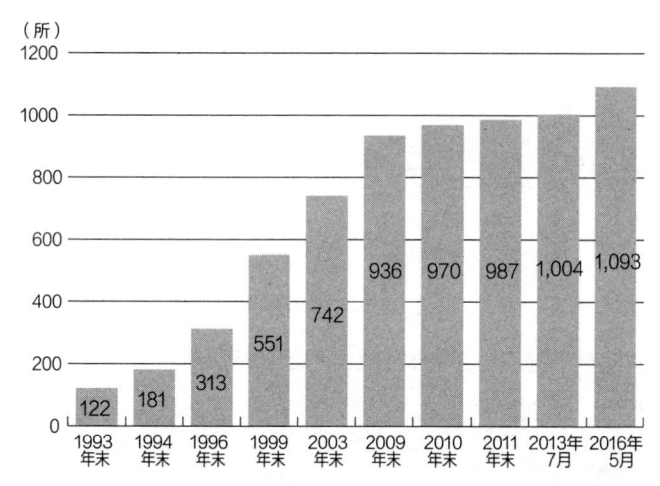

来源：日本国土交通厅资料。

图 2-1　公路驿站登记注册数量的变化

公路驿站，被期待具有"休息""信息传播""区域合作"三大功能。虽说如此，但实际情况是，大部分公路驿站都作为设置在路旁的商业设施，用来销售当地的商品，或是作为观光旅游的窗口，主要承担着激活当地活力的作用。也就是说，公路驿站的经营目标是振兴乡村经济、刺激消费。

这样一来，最终能否让消费者"专程前往"，并为当地带来利益，成为衡量公路驿站成败的关键。当然，如果是顾客并不怎么愿意使用的设施,自然无法经营下去。因为涉及行政部门,所以刻意强调其公共性,具有信息发布、地区合作发展等功能,但实际上,公路驿站仍然受到市场原理的影响。

终日往返于东京和地方之间的我,最近在地方乘车时,发现公路边的驿站一个接一个地出现,不禁感叹"居然有这么多的公路驿站"啊。最初公路驿站是"能去卫生间、能休息的场所",最近许多便利店发现公路驿站的公共性具有聚集人气的作用,因此开放豪华干净的卫生间,售卖地方特产,竞争越来越激烈。

因此,逐渐出现了经营不善、持续亏损的公路驿站。如果这只是普通的民间建造的商业设施,只要说一句"不可能所有的事情都进展顺利吧,这是不可避免的"就可以了。但是,如果是地方政府用税金建造的设施的话,最终就会发展成当地居民的沉重负担,更别提振兴地方了。

实际上,很多公路驿站"再这样下去,就将面临破产的风险",所以地方政府制定了特别预算对其进行实质性的救济,甚至还出现了关闭个别公路驿站的情况。

因此即使是看似人来人往、热闹非凡的设施,也未必没有问题。很多时候是其背后耗费了大量税金,从地方政府和民间团体的整体来看都出现了严重亏损。

▶ 税金引发的"初期投资为零"带来的"重大隐患"是什么?

那么,行政部门以"激活经济"的名义用税金建设公路驿站,并委托民间运营,这样做会产生哪些问题呢？在此,将介绍三个重大"隐患"。

● **隐患 1：随着开店门槛的降低,经营计划也变得模糊**

公路驿站基本上是以地方政府为主体使用税金开发建造的。公路驿站建设完成后,多采用由市町、村根据指定管理制度交由第三部门①等指定运营方的方式进行运营管理。

如果是普通的由民间以项目形式开发的设施,常识性的做法是从设施运营的营业额中回收建设的初期投资,但几乎所有公路驿站的初期投资都是依靠税金建立的。

这意味着在运营基础设施时,不需要回收"初期投资的成本"。因此,从项目计划阶段开始,就形成了即使销售状况不佳,项目也"成立"的情况。由此便产生了花费大量税金建造豪华的设施,但在经营方面却降低销售额门槛的这一隐患。

可能会有人说"行政部门支持建造了豪华的公共设施,形成了之后即使营利状况不佳也能运营的机制,不是很好吗？"然而,使用税金进行过度投资,此后"不需要"收回初期投资的成本,这件事本身会降低相关人员的生产率②。

结果,地方的生产率无法提高。其原因就在于"盈亏平衡点出现了偏差,可以允许的损益平衡点比平时低,所以即使生

---

① 在日本,第三部门是地方公共团体（第一部门）和民间企业（第二部门）出资设立的以提供公共产品和公共服务为目的的企业法人。——译者注

② 经济学名词,指由原材料变成产品的过程中的效能和效率表现,是每单位投入的产出。——译者注

产率低，项目也能够维持"。负责运营的第三部门等指定运营方，在提高销售额、改善利润率方面不够努力，所以本应在这个地方产生的利润，自然而然地就会缩减。

或许正如有些人所说："利润低总比利润是零好吧。"但是，真正的激活地方是指大家一起筹集与项目规模相匹配的初期投资，为了创造更高的利润，形成提高销售水平和提升毛利率的"良性循环"。

我无意鼓励大家从事高风险的项目，但如果不努力创造与风险对应的利润，就无法激活地方活力。如果要谋求"低风险，几乎不用考虑生产率，敷衍了事"的经营环境，那就与振兴地方相去甚远了。

● **隐患 2：设备投资过剩**

此外，还有更复杂的情况，如果只是"初期投资为零＝容易懈怠提高销售额的努力"，或许还好，而实际上，在经费方面也会产生负面效果。

这是为什么？最初是以行政为中心建设的宏伟设施，很容易建成一般的民间项目无论如何也无法建成的豪华公共设施。几亿日元的设施很常见，有时还会建设附带温泉的 20 亿日元以上的设施。这种过度投资，只有使用了税金才有可能实现。其结果是造成了地方政府的财政负担＝市民的负担，国家的支援＝国民的负担的问题。

此外，由于这些公共设施未必是由运营者来设计的，所以很多时候会造成设计归设计、开发归开发、运营归运营的问题。从运营方的角度来看，就会成为虽然花费了巨额资金建造，但使用却有很多不便的设施。

这种过度投资建成的公共设施的维护费用，尽管表面上看不出来，但实际上是从设施运营产生的利润中筹措而来，或是靠地方政府制定预算来维持的。从经营角度来看，从好不容易赚取的营业额中扣除高额的设施维护费，进而使利润变得更加微薄。当然，如果由地方政府重新编制预算支付设施维护费，那么地方财政状况就会更加恶化。

一般来说，设施从建成到拆除"整个生命周期的成本"，要花费建造费用的 4~5 倍，不容小觑。也就是说，豪华的基础设施其维护费比建造费还要高。类似这种隐藏的成本，正在侵蚀项目的利润。

销售目标过低，项目看似成功了，但经费方面因过度投资而波及经营，产生了高额维护费，导致利润微薄。因此，尽管公路驿站项目表面上吸引了不少人气，但大多无法实现"在当地产生巨大利润，进行再投资"的理想的循环模式。

● 隐患 3：因行政部门主导所产生的民间的"依赖"

除此之外，还隐藏着一些问题，那就是"项目主体是行政部门"的，从项目运行初期阶段开始就存在依赖政府的结构。

为此，被委托运营设施的从业者，或是原产地直供设施的供货商，对项目的责任意识很容易变得淡薄。结果，由于最终的责任在于地方政府，就产生了"我们是受行政部门委托经营设施的""我们因为受行政部门邀请才向原产地直供门店供货"

等这种民间的"被动姿态"的结构。

不仅是初期投资，一旦经营陷入困境也会向行政部门求助。而且，如果原产地直供市场的销路不好，就会有人说"就算我们特意出货，也还是卖不出去"，因此农户们甚至不再向原产地直供市场供货。这样一来，经营就会越来越糟。

▶ 由民间经营营利的 Marche，与公路驿站有何不同？

前面，我们分析了公路驿站的结构问题，那么该如何解决呢？为了探寻这一问题，我们将其与岩手县紫波町的紫波 Marche 进行比较。紫波 Marche 是由民间自己负担经费建成的销售当地农产品的市场。

"紫波 Marche，简言之就是原产地直销市场+肉店和蔬果店的复合业态市场。它们按照常规模式，通过城市商业银行的贷款建造设施，经营良好，处于营利状态。这个项目取得成功的原因在于，通过从整体的项目计划倒推，将建设费用控制到每坪[①]不到 40 万日元，提前招募批发农产品的农户并收取摊位费，由此招募到一些积极性较高的农户。

大家知道吗？实际上，为了获取补助金，原产地市场有销售当地商品必须在一定比例以上的规定。在冬季，由于某些地方几乎没有可以销售的商品，有些产地直营市场十分冷清。

但是，紫波 Marche 完全由自己负担经费，所以没有这样的限制。冬季，他们还从九州等地进货，充实卖场，实现全年稳

---

① 土地或房屋面积单位，1 坪约合 3.3 平方米。——译者注

定经营。可以说，这是由于从设施建造、设施运营，到承担项目责任，都是民间企业采用了一贯性的体制运营才实现的成功。

并且，单纯进行原产地直销无法实现稳定经营，所以他们招募当地的鲜鱼店、精肉店作为租户进驻。自主运营的项目，如果销售额比预想的高就能赚钱，反之则完全不赚钱。但是，租赁收入在某种程度上可以作为稳定收入。通过这样的安排，对资金筹措时金融机构所关注的项目的稳定性，也有了切实的保障。

此外，鲜鱼店、精肉店的进驻，不仅能让顾客买到当地的蔬菜和水果，鱼、肉也一应俱全，既提升了便利性，对产地直接销售的营业额也起到了积极作用。结果，紫波 Marche 第 1 年的销售额就达到了 3.5 亿日元，第 4 年超过了 5 亿日元。

紫波Marche

民间从业者运营的紫波Marche。不仅是紫波镇，周边的市、町、村也有很多人慕名而来购买新鲜便宜的生鲜食品。

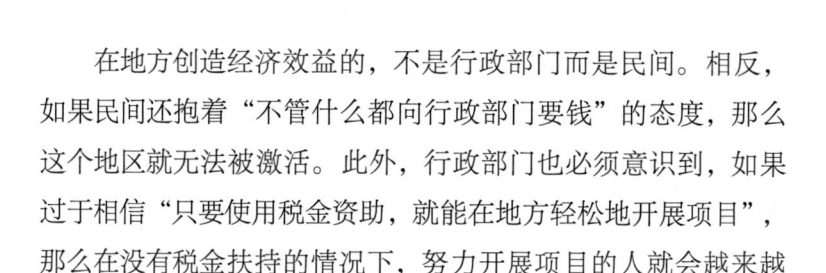

在地方创造经济效益的，不是行政部门而是民间。相反，如果民间还抱着"不管什么都向行政部门要钱"的态度，那么这个地区就无法被激活。此外，行政部门也必须意识到，如果过于相信"只要使用税金资助，就能在地方轻松地开展项目"，那么在没有税金扶持的情况下，努力开展项目的人就会越来越少，最终导致地方的衰退。

▶"民间的行政参与"，能够实现吗？

通常，在建造商业设施等时，由行政部门负责建造厕所等公共服务功能部分，此后利用其优势的选址，由民间思考创建项目，从项目利润倒算出设施的规模、筹集资金，进行运营。

当然，我自己也在地方上进行投融资、创立项目，深知并不是所有的项目都能在这种模式下顺利运营，也有一些在环境方面不太适合项目开展的选址。但是，"难度高不代表不可能"，我们还可以靠自己的努力，根据收入倒推让项目成立。

在能够确保高收入的情况下，可以投资"每坪 80 万日元"用于设备的购置和完善。当预期收入不高时，可以投资每坪 20 万~40 万日元，即投资与建设民宅几乎同等程度的建筑费。最近，也出现了很多对既有建筑进行改造的案例。

有时，以上方法都不可行，也有一开始在临时搭建的帐篷市场开展业务的。因此，如果无视项目收入，在地方建设像公路驿站那样豪华的设施的话，当然需要使用税金了。

地方振兴不是"由于没有钱而做不到"，而是"由于没有智慧而做不到"。这是贯穿地方振兴的主题，今后我也会多次提及。

我曾经参与过一个项目，在初期阶段依赖行政部门的扶持，在此基础上开展。但是，在磨合的过程中，由于民间项目规则与行政计划之间存在偏差，结果导致项目成果缩小。

正因如此，我认为尽管一开始真的很艰难，但只有彻底思考民间能做的项目并付诸实践，才能取得脚踏实地的成果。

如果任何事情都依靠行政部门扶持，那么民间"没有援助就不努力"的依赖心理就会越来越强烈，变得无法正常开展业务。民间原本拥有的力量也会逐渐消失。

既有与公路驿站相似的产地直销业态模式，也有在民间获得优厚利润的商业设施。如果以"政府扶持"为前提在公路驿站开店，就容易出现将这种现象扼杀在萌芽状态的"打击民间企业"的行为。

由于地方没有能力出众的民间创业人士，所以人们很容易接受"项目的先期投资等首先让政府部门负担吧"这样的提议。但是，却出现了政府部门越努力，民间就越依赖政府部门的情况。这也是地方振兴事业的难点所在。

乍一看是民间的项目，但实际上却是政府扶持的项目，这种表面上看不出来的无形的形式降低了地方的生产率，这种矛盾的体现就是公路驿站。现在，重要的是能否在公共角色和民间角色之间画出一道清晰的界线，双方能否带着紧张感进行合作。

02. 第三部门
成为地方衰退诱因的"活性化起爆剂"
统一目标，从小做起，培养壮大吧

一直以来，地方开发的"资产"，不仅局限于基础设施。以往地方政府投入巨额税金设立的"第三部门"（the third sector）法人，也属于"资产"之一。所谓"第三部门"，是指地方公共团体以某种形式出资或派遣人才设立的事业体，这样的事业体在日本全国共有 7604 个（2015 年 3 月日本总务省的调查数据）。

在这些第三部门事业体所参与的项目中，失败案例层出不穷，不仅没有激活地方活力，反而成为地方衰退的导火索。其中，最典型的案例就是南阿尔卑斯市。

▶ **南阿尔卑斯制造，开业仅三个月就濒临破产**

2014 年，南阿尔卑斯市被国家认定为"地方活化综合特区"，开启了地方经济活化项目。这是一个大型观光农园建设项目，提供从农产品生产到加工、流通的一条龙服务，期待打造成

069

为时下流行的"农业六次产业化"①的大型项目。为此,南阿尔卑斯市甚至成立了一家名为"南阿尔卑斯制造"的第三部门公司,前后已投入 8 亿日元,但公司开业仅三个月就面临破产的危机,在当地引起了轩然大波。虽然地方政府为了救助而进行了紧急融资,但收效甚微,2016 年 1 月 25 日"南阿尔卑斯制造"停业破产。

不仅是南阿尔卑斯市,日本全国各地存在这种问题的第三部门数不胜数。事实上,在第三部门事业体中,只有 60% 营利,剩下的 40% 都是亏损的(图 2-2)。

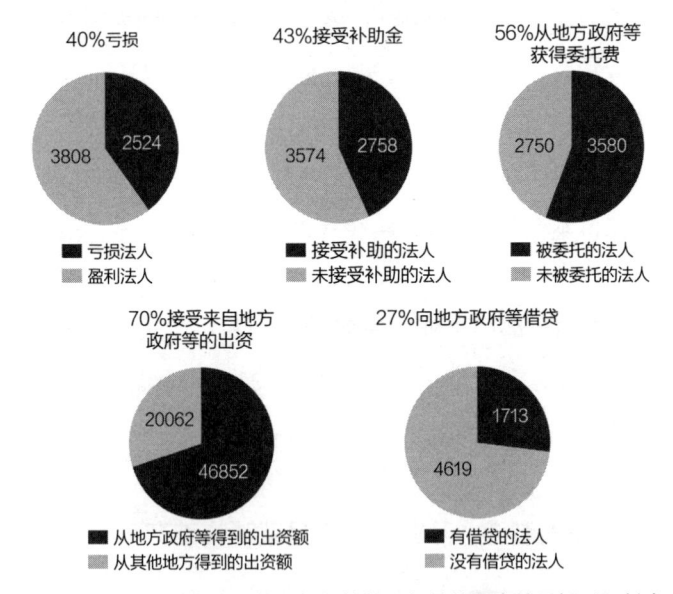

来源:作者依据日本总务省"第三部门等状况相关的调查结果概要"制成。

图 2-2　第三部门的实际状态

---

① 是指在日本农业发展体系内,将第一、第二、第三产业整合起来,旨在将农产品的产业附加价值留在农村,留给农民,革新农业发展模式,提高农业自给程度,激活农业发展活力。——译者注

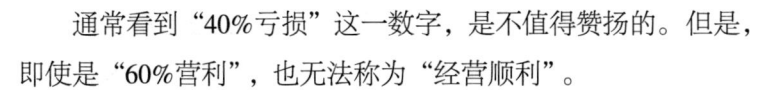

通常看到"40%亏损"这一数字，是不值得赞扬的。但是，即使是"60%营利"，也无法称为"经营顺利"。

实际上，约 43% 的第三部门从地方政府获得补助金，约 56% 的第三部门从地方政府获得委托费，它们只是因为政府的行政支出才显示为营利。2004—2013 年，进行债务清算的日本第三部门法人竟达到了 200 余家。然而，数量庞大的第三部门依然存在着重大的问题，可以说已经成为压在地方公共团体肩上的沉重负担。

▶ 第三部门失败的"三个共同点"

正因如此，有些第三部门才会动用地方政府的全部力量来开展业务，但越是这样的第三部门，越是会反复出现严重的失败。其背景有以下三个共同点。

● 共同点 1：仅靠一个第三部门，能解决所有问题吗

举全县之力开展的项目，大部分都有地方政府参与，因此地方政府期待像棒球赛事中"一击逆转全垒打"一样，一举解决地区存在的问题，给一个项目设定多个政策目标。

如果看过典型的第三部门的项目计划，就会发现这是一个可以解决所有问题的"万能计划"。例如，通过实施这一项目，可以"激活当地产业，增加游客，使当地商品大卖，人口转为增加趋势，财政得到改善，年轻人的工作岗位也得到改善，老人身体健康，教育水平提高……"。

其实项目所需要的，首先是以成功为目的设立目标，其结

果是解决问题。一边谋求解决多个问题，一边要取得项目的成功，这么复杂的事情是很难轻而易举做到的。尽管，项目重要的是开发商品提高销售额，却在此基础上附加了"解决青年就业问题""增加人口"等问题。

如果制订了这样的项目计划，会导致目标多元化，最终甚至连项目的目的都不清楚了。而且，会混淆项目目标和政策目标，不仅不能一石二鸟，反而会出现"项目失败，政策也失败"的务广而荒的结果。

● 共同点 2：被"地方共识"与"制度限制"所束缚，无视市场

举地方政府之力推进的第三部门，由于投入了大量的税金，因此最注重的是议会、行政部门、市民参与型委员会等达成的共识。此外，经常会利用国家的补助金制度，因此也会受到相应的制约。

由于使用了税金，所以理所应当会受到诸多条件的限制，但从项目的角度来看，这绝对不合理。究其原因，在于项目内容不是面向"顾客"决定的，而是依据"地方共识"和"制度限制"来决定的。

通常，开展新项目的流程是，首先小规模生产新商品，然后通过举行促销活动等提高销售额，在适应这一规模之后再发展到开发设施等设备投资阶段。

但是如果成为"举全市之力激活地方活力的王牌项目"的话，不够华丽的朴实的计划，反而无法取得当地的共识。"好不容易获得了补助金，就按照财政预算的上限开发一个大型项目

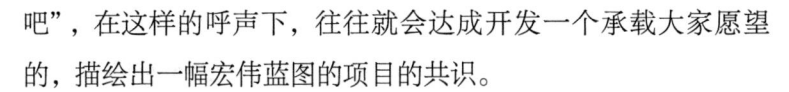

吧",在这样的呼声下,往往就会达成开发一个承载大家愿望的,描绘出一幅宏伟蓝图的项目的共识。

结果,第三部门的项目在没有任何实际业绩支撑的情况下投入了巨额资金,事先进行了设施开发。但实际上,市场原理在项目中发挥作用。尽管项目获得了议会的批准,通过制度获得了补助金,但如果不能获得最重要的消费者的支持,不具备比竞争对手更强的优势,经营很快就会陷入困境。结果,项目计划被吹得天花乱坠,第三部门的项目却遭受了严重的损失,地区进一步衰退。

● 共同点 3:计划外包,资金筹措也交给"地方市公所",失败了寻求政府救济

一般而言,项目是指用自己的头脑思考,用自己手头的资金加上从投资者和银行筹集来的资金,利用有限的资源为成功而进行的努力。

第三部门原本是独立的法人,需要自己组建项目,筹集资金,管理层必须对项目的成败承担责任。但现实却并非如此。

第三部门的管理人员由没有创业经验的政府相关人员担任,项目计划外包给顾问公司,在资金筹措方面不仅依靠补助金,还直接从地方政府贷款,或者以项目出现损失时由地方政府给予补偿为条件向银行贷款。

这些第三部门原本应该承担经营责任,但由于大部分都是由没有经营责任,或者没有经营实践的人来运营的。因此,即使要将经营责任交由某人,甚至不知道该交给谁为好。即使项

目出现损失，大家认为最终地方政府一定会想办法解决，因此导致项目无法正常经营。无论是项目还是资金，所有的责任归属都不明确。

最糟糕的是，甚至连项目失败之后的重建计划，都要委托其他顾问公司制订。此后，在"不能让它倒闭，一旦倒闭就麻烦了"的声音下，地方政府开始没完没了地继续采取救济政策。在这种情况下，第三部门的失败并没有以破产而告终，反而在濒临破产时得到了更高金额的援助。

像这样，由于"设定多项不合理的目标""地方共识、制度限制""项目计划外包、资金筹措交由政府"这三大原因，第三部门不仅不能振兴地方，反而更多的是最终只会浪费、消耗当地财政。

▶ 从失败中学习"积小为大"的铁则

从这些教训中，我们可以了解到，在地方开展项目时应该注意的事情，其实非常简单。

·将项目要达成的目标集中在一点；

·从小型项目开始积累，随着销售额的增长逐渐扩大投资规模；

·创建项目，由擅长销售的人经营，资金筹措不受行政干预。

以上三点是基本原则。

例如，小田原市的"小田原柑橘俱乐部"的做法非常值得借鉴。以改善农业加工收入为目标，用当地盛产的柑橘类水果作为原材料制成汽水、冰激凌、羊羹等商品。该项目全部由民间主导，不依赖行政预算。正因为能够开展项目的民间人士聚集在一起，项目才不断发展壮大。

　　这一举措深受二宫尊德的名言"积小为大"的影响。二宫尊德是江户时代后期生于小田原的一位伟大人物，他在江户后期曾带领600多个农村进行农村再生。所谓"积小为大"是指微小的东西经过积累会越来越壮大。但是大却无法生小。其意思是，如果搞错了事物的顺序，就一定会变得不正常。这在现代也同样适用，是一个非常重要的教诲。关于二宫尊德的教诲，我将在第4章继续讲述。

03. 公园

"禁止事项过多"使地区荒废
从公园开始改变"周边区域"吧

地方所拥有的资产中,能因利用方式不同而极大地提高价值的,其代表性资产就是公园。到目前为止,公园都是在既定的法律、条例下,用税金统一建造、用税金维持的。但是,如果能有效利用公园,会有很大的可能性。

在地方,想要振兴"某一个区域"时,将民间个人持有的住宅和项目资产(建筑物、农田等)与行政部门所拥有、管理的土地和设施放在一起思考"如何有效利用",一直是一个课题。

▶ 日本的公园"禁止事项过多",变成了什么都不能做的空间

然而,日本的公共资产,依据第二次世界大战后一贯在"排除反对意见的基础上形成的公共性"而设立。这是什么意思呢?也就是说,如果有一部分人反对,那么政府就听从他们的反对,不断地叠加禁止事项,最终形成"确保谁都不会有怨言的公共性"。

即使是好不容易委托著名建筑师设计的公共设施,也从入口开始就摆满了"红色的锥形桶",墙壁上贴着密密麻麻的"禁

止事项"。其中，很多可以在公园玩耍的方式在事实上被禁止了，什么都不能玩的公园增加了。

原本是为了让更多的人使用而建造的公园，却陷入了"什么事情都禁止做"的可悲境地。这种禁止事项过多的空间不仅不能激活地方活力，反而会使该地区荒废，甚至可能成为剥夺周边区域价值的空间。

今后，在思考地方振兴时，不能用"减分评价方式"来衡量公共财产，而有必要采用"加分评价方式"来审视公共财产存在的意义。

某公园的告示板，有如此多的"禁止事项"。

▶ 也有从公园产生的上市公司

已经有一些地方采用这种"加分评价方式"来运营公园。接下来介绍三个有代表性的地方。

大家认为，在夏季日本最舒服的啤酒花园是哪里呢？我认为每年在札幌大通公园举办的"露天啤酒花园"才是日本第一。

在那里，每个街区都会有各大啤酒公司争相设置的规模较大的啤酒花园，会售卖札幌啤酒、朝日啤酒、麒麟啤酒，甚至外国产的啤酒，有很多客人光顾，热闹非凡。傍晚以后，顾客会从啤酒花园去镇上的餐饮店用餐。此外，各啤酒商所支付的场地租赁费等，被地方政府作为福利财源使用。

位于富山市的富岩运河环水公园，原本就是一个美丽的公园，但并没有达到大受市民欢迎的程度。自星巴克咖啡店在那里开业后，于2008年在美国星巴克总公司主办的一场"店铺设计奖"比赛中获得最优秀奖，一跃成为"全世界最美的星巴克"而闻名于世。

现在，这里成了当地居民引以为傲的地方。而且，之后公园内又开设了法国料理店，最近还有很多时尚的服装店在周边开店，区域整体形象不断提升。

位于岩手县紫波町的 OGAL 广场，没有被作为受法律、条例限制较多的公园运营，而是被当作"广场"使用。这里不仅有绿地，还设有休息区域，备有 BBQ 等野外烧烤设备，每到周末熙来攘往，十分热闹。

纽约市在近十年来，由相当于日本政府公园绿地科的"公园管理局"积极推进"公园特许经营"。公园特许经营这一举措，是指拍卖公园的部分营业权，其收入用以提高公园的品质。在美国，这样的活动已经成为"常识"。

在美国曼哈顿的一个规模较小的公园麦迪逊广场花园里，

开设了一家以有机和社交为理念的"SHAKE SHACK"汉堡店。这家汉堡店是由在该公园特许经营权拍卖中中标的企业经营的，由于人气极高还在周边地区陆续开设了分店，并于2015年1月在纽约证券交易所上市。

布莱恩公园，纽约市实施公园管理的公园之一。2014—2015年冬季，美国金融巨头美国银行（Bank of America）收购了公园的部分营业权，开始经营滑冰场，自此公园里变得热闹非凡。

由于这些企业对公园的特许经营管理，纽约市公园管理局税收增加，在税收财源之外充实了公园管理，如对四季花草树木的管理、儿童游乐设施的购置和完善。

不需要吸引"土里土气的小卖部"，而是要招募像这样高品质的商户入驻，才会提升区域整体资产价值。而且，由于税收的增加，公共服务也得到了完善，形成了良性循环。

▶ **在"日比谷公园"与"松本楼"的关系中，学习明治时代的智慧**

尽管我称赞了纽约市的做法，但并不是说我们要特意向美国学习。日本自古以来就有既兼顾事业性又充实公共资产的智慧。例如，大家都熟知的位于东京千代田区的日比谷公园。

以近代西洋型公园为目标而建造的日比谷公园（1903年开园，约16.1万平方米），自开园时起就建设了西式花圃、餐厅、野外音乐厅。并且在公园的正中间，有一家在开园时就建成的名为"松本楼"的老牌法式餐厅。这家餐厅由一个叫小坂梅吉的人在竞标中得到，现在仍由小坂的子孙经营。

明治时代东京市的公园独立核算能力很强，在对松本楼这样的租户实施招标的同时，还利用对池塘里租船的租金和野外音乐厅的入场费等多方面的收入，来负担建设与运营成本。

▶ 有效利用公园，管理地方整个区域

这不仅仅是出于财政上的限制，像欧洲的公园一样，这种做法能够让很多市民感受到公园同时拥有美丽的餐厅、咖啡厅、野外音乐厅等附带功能，是以提升周边区域资产价值为目标的公共财产。

实际上，在思考如何有效利用公园时，真正重要的是像这种以公园为中心、管理地方整个区域的视角。

例如，将公园周边的道路也纳入其中进行一体化运营的方法。如果这条道路的车流量不是很大，那么就限制汽车进入，将面向公园的店铺改为面向马路，运营成"开放式咖啡店"。同时，拆除公园的围墙或护栏。

公园前面的道路也可以用于营业。眼前是绿意盎然的公园，如果这里还能在不同的季节举行各种各样的游园活动，那

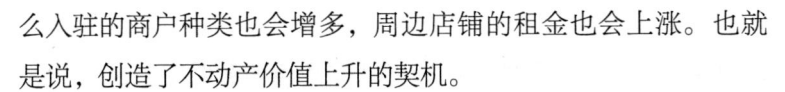

么入驻的商户种类也会增多，周边店铺的租金也会上涨。也就是说，创造了不动产价值上升的契机。

对于地方政府而言，房地产价值上涨，获得的固定资产税就会增加。再利用税收增加的部分，用于购置和完善这些设施所需的成本就可以了。

简单来说，就是地方政府以"合法的方式提高场地费"。这是只有地方政府才能做到的项目。

▶ 民间使用公共资产，改善公共服务的时代

据说，现在国家和地方政府拥有的公共不动产价值约为570万亿日元（日本国土交通省发布）（图2-3）。

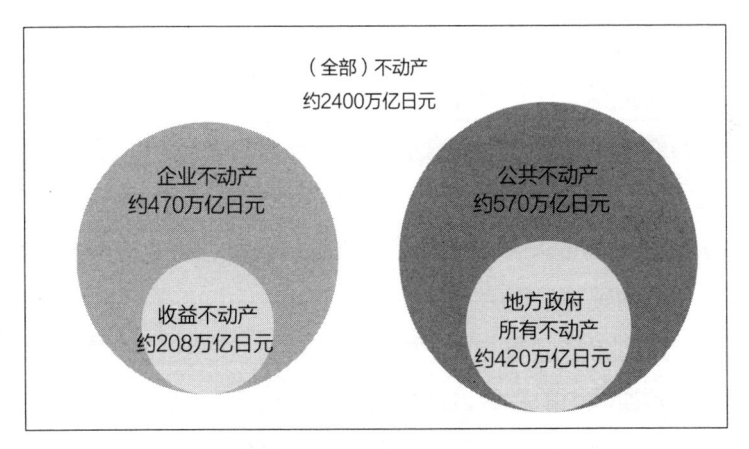

（全部）不动产
约2400万亿日元

企业不动产
约470万亿日元

收益不动产
约208万亿日元

公共不动产
约570万亿日元

地方政府所有不动产
约420万亿日元

资料来源：不动产证券化等公共不动产（PRE）盘活方法研讨会第1回资料。
图2-3 公共不动产的规模

一直以来，公共相关资产都是以"用税金建造、用税金维护"为前提的。因此，很少讨论如何积极利用这些资产。

但是，在收缩型社会中，财政困难导致公共财产的管理预算也逐渐缩减。尽可能排除市民特定使用的公共空间的运营方式已经画上了休止符，我们有必要将目光转向新的公共资产的有效利用方式。就公园而言，还有很多可以改善的地方。

另外，一提到民间活用，很容易就采取指定管理的方法。这是一种将业务整体委托给民间企业等的制度，但有时会演变成将业务整体丢弃。这样做的结果只是稍微减少了一些行政支出，没有任何意义。

原本民间企业在利用一部分公共资产时，理想的做法是通过竞标向行政部门支付适当的房租和管理费，进而政府可以设定连带提升周围地价，通过固定资产税达到税收增加的目标。

行政部门在此基础上，将税收用于完善面向更多人的公共服务。可以说，这种形式才是正常的行政部门与民间的关系。

当然，我并不是说所有的公共资产都应该进行项目活用。但是，在570万亿日元的资产中，如果能有效利用其中的一成约60万亿日元的话，公共服务就可能更加充实，这也有可能成为搞活地方的契机。

通过重新审视既有公共资产的运营方式，我们认识到即使在人口不断减少的社会，也不应该放弃对公共资产的管理和公共服务的维持，甚至能拥有更多发展的可能性，不是吗？

04. 认真的人

> 无法有效利用资产的合乎"常识"的人
>
> **怀疑"过去的常识"是现在的"非常识"**

到此为止，我们整理了"公路驿站""第三部门""公园"等地方存在的资产问题与可能性。这些资产虽然存在问题，但也有改善的途径。

但是人们明明知道这一点，为什么却做不到呢？为了探究其中的原因，我们必须思考"被过去的常识性做法束缚"的在地方上还"认真"工作的人们的问题。

原本想要振兴地方，结果却出现了堆积如山的"失败项目"，这是为什么呢？正如本书所阐明的，这是由于将人口增长社会中取得成果的方法，原封不动地用于现在的人口缩减的社会。

▶ **合乎"常识"与"认真"的业务，导致地方的衰退**

支撑这种结构的，是在地区内的主要组织中，遵守过去形成的"常识"，每天平淡地推进业务的"认真"的人们。

很多日本人从小就被教导要遵守集团内的常识，认真完成每天分配的业务就是工作。这种思维方式，不仅仅局限于地方。

但是，如果只是"认真执行"业务，就很难从根本上怀疑被赋予的规则，自己便无法动员周围的人参与其中，有组织地进行修正。

结果，尽管社会环境发生了巨大的变化，过去的方法屡屡失败，但人们仍然继续沿用与过去几乎相同的方法，加速了地方衰退。

2015 年，日本全国地方政府制定的地方振兴综合战略，是关乎我们未来的非常重要的计划。但地方政府却以"人手不足"为由，像以往一样将制订计划的业务外包给了"徒有虚名"的顾问公司，最终只讨论了一些随处可见的、似曾相识的地方振兴项目。

▶ 在人口骤减的社会，"认真"会导致惨重的失败

所谓常识，就是大家都知道的方法、制度。所谓认真，是指不做多余的评论，循规蹈矩地办事。很多地方至今仍在彻底地推行这两点，却已经无法取得成果。

原本，在扩张型社会中，地方只要以中央制定的制度为基础，委托顾问公司制订项目计划，听取当地居民的需求，获得一定的预算后在当地推行该项目，并将执行结果向中央报告。地方只要模仿城市的做法就好。这种合乎常识性的认真的工作，也曾经取得了一定的成果。

然而，从人口激增的社会过渡到人口剧减的社会，所有的前提都发生了变化。人口从地方开始减少，中央不清楚状况也无法找到解决方案，于是持续将既有的政策强加给地方。并

第 2 章　资产的运用方式　充分利用资产，创造"利润"

且，地方也继续认真执行过去的常识性做法，因此不断重复荒谬的失败。

于是出现了投入巨额税金却成为废墟的再开发设施、平整后被搁置的工业园区、土地规划调整后整个城市变为幽灵城镇、废弃的豪华的农业生产加工所。这些可以说是认真执行过去常识性做法的典型结果。为了振兴地方而投入了庞大的税金，不但没有激活经济，反而成为当地经济和财政的负担，加速了衰退。

成为废墟的再开发设施

尽管投入巨额税金进行再开发，却一直没有招到固定的入驻商家。由于业主通过税金获得租金补偿，所以招募商家的积极性很低。

地方振兴项目的失败，并不是不按常规、不认真推进项目的结果。反而是大家墨守成规，按照过去的制度、政策等常识，每天认真执行业务的结果。

正因为如此，这个问题的根源才更深。

085

▶ **地方应该"打破常规"**

那么该怎么做才好呢？地方必须做的事情有以下三点。

● **打破常规的做法1：做与其他地方不同的项目，开拓需求**

在迎来人口剧减社会的今天，振兴地方所需要的，是做不同于其他地方的"开拓、创造需求"的项目。

在人口激增的社会中，面对物资不足，当时的课题是"如何迅速供给"。但是，现在是人口急剧减少的社会，遗留了很多过剩的设施和不动产，人们甚至在讨论如何减少物资。关键在于，要先搞清楚现在是供给成问题的时代，还是需求成问题的时代。因为供求关系的前提已经发生了变化，如果还在沿用过去的常规性做法，理所当然会导致失败。

● **打破常规的做法2：停止只重视认真与否的"过程评价"**

通常来说，认真工作的人很难受到指责。只要说"那个人做事认真""很努力"，就能在组织内获得极高的评价。

当然，与不认真相比还是认真为好。但是无论结果如何，只要大家认真执行被分配的业务，没有不正当行为就会受到好评，这样的做法是无法在凋敝的地方取得振兴的成果的。

不评价结果，以"妥协的关系"为基础的过程评价体制，会放任项目的失败，无法促进反省，也会导致下一次失败。但是，对于一直沿用这种"相互依存的评价模式"工作的人来说，要打破这种过程评价体制，转变成重视成果的业务方式，形同背叛，是很难做到的。

如果放任这种"流程一流、结果三流"的做法，地方将会更加衰退。

● **打破常规的做法3：不把变化视为"非常识"和"不认真"，不去打击它**

在新的活性化事业中，越是重视常识认真执行业务的人，越会对不符合过去常规的、必须改变业务方法的事情反应过度。

有人会把这种新的项目和推进方式视为"非常识"和"不认真"。而另外，也有人误认为罗列各种"做不到的理由"的人是现实主义者。并且，在组织内外也有不少团体会去阻碍、打击尝试挑战的人。

在地方好不容易开展的新项目被击垮了，会怎样呢？最终，只留下了被过去常识束缚的认真执行项目的人这一可悲的结果。然后，地方持续衰退下去。

▶ **"有决断力的领导者"和"有头脑的实践者"的合作很重要**

要想不被过去的常识束缚，从只会认真执行业务的状态中跳脱出来，需要领导者拥有强大的决断力、与工作现场微小业绩的积累。

偶尔也会有虽然标榜改革派，做了一些轰轰烈烈的事情被媒体报道，却对最终的成果不负责任的独裁改革者。但是，这样的项目往往不会长久。可以说在这一点上，无论是企业，还是行政部门皆是如此。

所谓变化，虽然最初是从一部分开始，但最终重要的是要在地区内、组织内被理解，并影响到更多的人。正因为如此，高层领导需要不厌其烦地进行说明，按照程序进行修正，一项一项地积累业绩，让实践者切实感受到变化。

这样一来，即使是一开始被认为是非常识性的事情，也可以通过说明让人们加深理解，积累小的成功案例，成为新的常识。即使一开始被认为是不认真的流程，但是通过反复执行的过程也会被理解。这才是真正的变化。

沉默的改革者与推进小业绩积累实践者的合作，能够打破过去的常识。这是改变认真努力但无法取得成果的做法所必需的。

现在，地方需要的不仅仅是继承过去的常识性做法和认真的态度，也不是单纯依靠独裁改革者所带来的短暂的变化。地方真正需要的是，不拘泥于过去，创造出顺应新时代的"常识"，确立切实做出成果的"新的认真"的做法。

那么，怎样才能做出这样的项目呢？接下来，将辅以实例加以说明。

05. OGAL 项目

| "黑船袭来！"①最初指责不断
| 靠"民建公共设施"提高税收和地价吧

为了有效利用一直以来地方所形成的资产，需要不被以往的常识所束缚，默默地进行改革。这样的案例真的存在吗？政府和民间合作，将地方的不良资产转换为营利资产的案例陆续出现。岩手县紫波町的"OGAL PROJECT"就是其中之一。

▶ **所有公共设施，都必须用税金建造吗？**

"因为税收减少，所以要削减公共设施。"这在因人口老龄化和人口减少而无法实现税收增长的地方政府看来，似乎很有道理。

实际上，这种想法的前提是"公共设施全部用税金建造，并用税金管理和维护"。但在人口减少，地方内需也逐渐缩减的今日，不能单纯根据税收收入削减公共设施。倒不如说，重要的是改变囿于以"税金开发、税金维护"为前提的公共设施

---

① 又称黑船事件，指 1853 年美国以炮舰威逼日本打开国门的事件。——译者注

本身。

实际上，岩手县紫波町完美地做到了这一点。岩手县紫波町，从东京乘新干线和在来线大约 3 小时车程，人口约 3.4 万人。位于盛冈市和花卷市之间，是一个以农业为主的城镇。

紫波町原本财政基础就很薄弱，但在 1997 年为了集中建设各种公共设施和住宅，斥资 28.5 亿日元买下了城市中心车站（紫波中央车站）前的 10.7 万公顷的土地。

然而，事后回想起来，这一年是地方政府税收的顶峰。第二年税收就开始减少，开发计划也因此被搁置。也就是说，买了土地之后，却无法筹集到原本想要建设设施的开发预算，陷入了进退两难的境地。而且，做出这一决策的町长在选举中落败下台。新任町长（当时是藤原孝町长）判断贸然开发会带来更大的负面影响，于是这块土地十年来一直被作为日本费用最高的弃雪场使用。

单从这一情况来看，简直是一场噩梦，任何人都想放弃，万事休矣。

但是，以町长为首的相关人员并没有放弃。他们决定将购买的土地"放弃政府开发，交由民间开发。作为公民合作事业来推进"，制订了紫波町公民合作基本计划。项目被命名为"OGAL PROJECT"。在这块如同股票一样高价买入且长期持有，被用作弃雪场的土地上，建成了咖啡店和市场、育儿支援设施、图书馆、运动场、酒店、新政府办公大楼，甚至建造了先进的分期付款的环保住宅，是一个大型再生项目。

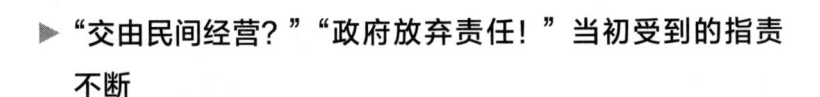

▶ "交由民间经营？""政府放弃责任！"当初受到的指责不断

推进"OGAL PROJECT"的大前提，是基于"如果政府没有资金，就转由民间开发，从金融机构筹措资金，同时开发公共设施和民间设施"的方针。

但一开始，当地陆续出现了"从没听说过这种开发形式""政府放弃了自己的责任""不可能有这种好事"等反对意见。

紫波町的行政部门、民间团队没有就此放弃，而是继续推进这个项目。

行政部门毫不犹豫地彻底推翻了曾经制订的城市规划。这是极为罕见的。这样一来，政府就可以配合民间投资项目。民间有不依靠津贴和补助金的觉悟，在坚持租赁营业的同时，配合金融机构持续进行调整，使资金筹措成为可能。金融机构只会对能够正常还款＝项目营利的情况下经营的项目提供贷款。正因为如此，为了配合这一点，地方更加团结、强大，由政府、民间合作思考项目，议会也对此给予有力的支持。

如前所述，紫波町的人口仅有3.4万人。在推进项目时，需要转换思维。其象征就是位于项目核心设施的"OGAL PLAZA"图书馆。

这一点很重要。图书馆虽然是具有公共服务性的设施，但从民间的角度来看，可以看作"大型的聚集人气的地方"。

谁都不愿意在无人光顾的地段开店，但如果能在像图书馆这样每年都有超过10万人光顾的设施内开店的话，就会吸引很多店家入驻。既然如此，作为主要设施的图书馆就应该无偿开放，再招募能将访客转化为顾客的咖啡店、诊所、生鲜食品店等。然后，从民间店家收取房租和管理费，以此营利。

与此同时，他们还想用赚来的钱支付图书馆的设施维护费，以此来支持政府。这正是政府和民间互相支持、合作的结果。

像这样，开发成了一体化的公民合作建设的设施"OGAL PLAZA"模式。如图2-4所示，像三明治一样被夹在中间的是以图书馆为中心的信息交流馆（中央楼），两边的是民间项目楼（东楼、西楼）。

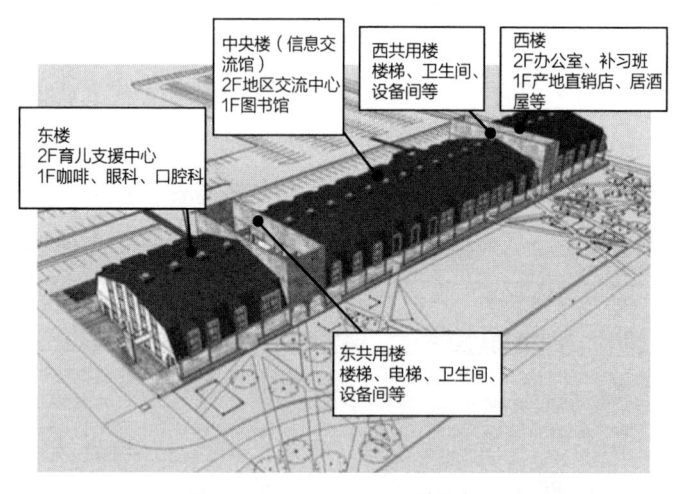

图2-4 OGAL PLAZA 整体设计

▶ 为什么以地方政府主导开发的公共设施会失败呢？

前面我们提到了"OGAL PLAZA"的案例，在此之前，很多地方政府也开发了一些"公共设施"和"民间设施"一起建设的项目。但是，大部分都以失败告终。简而言之，就是利用公共设施开发的方法建设了民间设施。

这是为什么？表2-1总结了地方自治体和政府开发的公共设施项目，以及民间和金融机构开发的设施的差异。这种差异非常重要。

表2-1 政府开发的设施与民间开发的设施的差异

	预算	日程	规格
地方自治体和政府开发的设施	最大化地使用国家补助金、津贴和当地预算中可以使用的金额	配合预算年度日程，容易出现年度末赶进度等问题	由顾问公司或有经验的人组成的委员会制定，往往过于华丽
民间和金融机构开发的设施	基于收入计划，能够偿还的金额	直到业务按计划稳定开展，才能进行投融资	根据还款计划制定预算金额，在预算范围内决定规格

首先是预算，由地方自治体和政府开发的设施由于"先有预算"，所以前提是要把能用的预算金额全部用完。另外，由民间和金融机构开发的设施则要制订收支计划，只在能够偿还的范围内进行投资。

日程安排也有差异。受预算年度束缚的地方自治体和政府，会因为预算"要在3月之前必须用完"等，出现没有按照计划确定租户之前就开始建设的问题。而单方面由民间和金融机构的开发则不会出现这种问题。甚至可以说，在项目没有按照计划推进之前，因为金融机构不会进行投融资，所以无法进行建设。

设施的规格也不尽相同。地方自治体和政府的开发，由于牵扯到各种相关人员的想法，所以设施的规格有变得极为华丽的倾向。但是民间和金融机构的开发，最优先考虑"还款计划"，因此会将设施的规格控制在与自己实力相符的范围之内。

像这样，由在项目开始前就接受"市场严格审核"的民间、金融机构开发的公共设施，在确保"项目可持续性"的基础上，更能正视现实问题。这并非是"利益至上主义"。倒不如说，对于那些连建设费都难以筹措，用于设施管理维护费用的财源不断减少的地方而言，建设"有能力偿还债务的设施"，是必须且重要的客观评价。

实际上，行政部门应该更关注设施的可持续发展，但目前地方自治体和政府的做法是"只要有可以开发的预算，就进行开发"。当然，并不是说所有的设施都要由民间资金来开发，而应该在考虑设施整体定位的基础上，最初就面对"残酷的现实"。至少先绞尽脑汁地考虑使用民间资金之后，再使用税金，也能减少浪费。

为了得到金融机构的投融资，OGAL 广场在开发前招募商户花费了长达 18 个月的时间。因为在确定所有商户之前，是无法进行项目开发的。其结果也可以看成，在设施建成前确定了所有要租用店铺的商户。

此外，还进行了一项重要的修正。他们认为当初的设计规模过大，因此在规划中途，将最初要建成"3 层的钢筋混凝土建筑"更改为可以以更低廉成本建造的 2 层木造建筑。

由此，有效地控制了建设费用，以图书馆为例，该方案比

OGAL广场

中间是可以享受烧烤等的OGAL广场，左侧是OGAL中心，设有图书馆、市场等，右侧是OGAL基地，设有排球训练专用体育馆和宾馆。园区内还有紫波町办公大楼等设施。

以政府为主体建造的标准方案节省了数亿日元。

此外，在这个项目中，市公所也做了很多只有政府机关才能做的事情。其中之一就是对曾经制定过的城市规划的变更。通常，政府不会为了配合民间的计划而推翻政府的决定，但紫波町的行政人员却做到了。

▶ 与武雄市完全相反的 OGAL 图书馆的构想

在前文曾介绍了成为"OGAL 项目"核心的位于"OGAL PLAZA"的图书馆。提到行政与民间合作建设的图书馆，近来最著名的是佐贺县武雄市的"武雄市图书馆"。该图书馆是武雄市付费给文化便利俱乐部（Culture Convenience Club），让他们代为运营的。

095

但是紫波町的"OGAL"走在了"前面"。也就是说，作为民间企业的 OGAL PLAZA 的运营公司和入驻的商户，反而向紫波町支付房租和固定资产税等。

入驻 OGAL PLAZA 的民间租户，如咖啡馆、小酒馆、市场、培训班、诊所等，也创造了大量的就业机会。紫波町图书馆虽然建造费用较为低廉，但每年入馆人数达到 30 万人以上，大大的超过了当初 10 万人的预期，而且，图书的借阅量与投入巨额开发预算的盛冈站前的县立图书馆相比毫不逊色。

由于当地的主力产业为农业，因此图书馆内农业相关的藏书很丰富，馆内还经常举办搞活农业经营等学习会。很多初高中学生来到图书馆，傍晚时，使用这里的免费空间。就连过去一直被"吸引"去盛冈市和花卷市的人，也反过来到图书馆登记注册了。

可以说，这个项目正因为当地的民间人士拥有较强的"公共意识"，当地的町长有领导力能组织议会执行，还有地方政府人员包括手续等事宜都能直面地方政府法务，才取得的成果。

在思考地方振兴时，经常会有人说"因为地方太弱了，所以用政治或行政的力量扶持吧"。但到目前为止，地方振兴政策表明这样做并不顺利。如果单纯依靠政府扶持，地方无法重生。

更重要的是，把权限从国家移交给地方，互相争夺主导权和税金的行为，我认为还是放弃为好。倒不如，在地方民间与金融机构合作，集思广益"开发兼具公共设施与经济开发相配套的新项目"，可能性更大。

第2章
资产的运用方式 危险度 检查表

01
- ☐ 将投资的金额与补助金制度一同进行讨论
- ☐ 认为政府参与的项目，不应该拘泥利益
- ☐ 认为促进地方发展是市公所的事
- ☐ 认为只要地方商品大卖，地方就会振兴

▶ **民间按照市场经济的规则赚取利润吧**

02
- ☐ 要求第三部门制定多个政策目标
- ☐ 认为"当地共识""遵守制度"是原则
- ☐ 因为自己做很难，所以业务基本上都"外包"
- ☐ 认为有什么事的话，就只能依靠政府部门

▶ **从小规模项目开始，一点一点做大吧**

03
- ☐ 为了避免发生问题，经常思考"禁止事宜"
- ☐ 公共资产的基本原则是"用税金建造，用税金维护"
- ☐ 认为政府不应该参与民间资产升值
- ☐ 从未想过地区价值的提高与"地价的提高"相关

▶ **提高公园的魅力，向民间开放，以提升公园周边区域的地价为目标吧**

04
- ☐ 向周围的人解释"有先例"是好事
- ☐ 认为最重要的是认真执行
- ☐ 认为总是玩的人是做不成项目的
- ☐ 在做某件事时，首先从学习开始

▶ **牢记"做出成果"，才是新时代的"认真"吧**

05
- ☐ 认为如果行政部门没有预算，就什么也做不了
- ☐ 认为"民间是民间，政府是政府"，有完全不同的逻辑
- ☐ 认为利用公共设施赚钱，太不像话了
- ☐ 认为不用税金，用民间资金的话，是无法做公共服务的

▶ **各自利用自己"能做的事情"，政府和民间相互支持吧**

第 3 章

人的理解方式

与增加"数量"相比，不如以"效率"取胜

第3章 人的理解方式 与增加"数量"相比,不如以"效率"取胜

地域活性化最重要的是,设定合适的课题和开发直面解决当地问题的项目。其中,作为重要的地区经营资源的"人的理解方式",往往从一开始就有很多错误。

在地方振兴领域,对人的理解方式,有以下两种视角。那就是"人口"和"人才"。随着"地方消亡论"的出现,很多地方衰退的问题都被归结为"人口"的原因。因此,有些人抱有一种幻想,认为只要人口增加,地方的所有问题就都迎刃而解了。但是人口减少是结果,不是原因。如果不思考人口为什么会减少,问题将无法解决。

人们从那个地区消失的原因是由于没有报酬合适的工作。正因为如此,地方振兴的目标应该是"提高收入"。这样考虑的话,人口减少也有可能成为积极因素。例如,过去地方产业的工作岗位由于比较分散、规模小且效率不高,所以人均收入较低。如果人员减少,也有可能加速集约化,提高生产力。压榨年轻人的"黑心企业"①长期人手不足。正因为这种企业在地方司空见惯,年轻人才会离开地方。在人员减少的情况下,如果能提高产业能力,提高人均收入的话,出路就很明朗了。在农

---

① 指工资少、工作多、劳动条件差的公司。

业领域已经出现了这样的案例。

我在地方公司开始进行振兴事业时，大多采用协同合作（Work Sharing）的方式。因为协作的成员大多在当地经营公司，所以会将业务委托给他们公司的总务、会计员工，然后将委托费的一部分作为奖金返还给员工。新成立的公司，业务规模也不大，与其以低工资雇用全职员工，不如增加原本就在当地工作的员工的工资。

此外，关于人才，重要的不是培养而是挖掘。

如今，日本到处都在努力进行"人才培养事业"。过去既没有承担过地区重任，也没有创业经历的大企业或行政部门的相关人士都在唉声叹气，抱怨没有承担地区重任的骨干，创业的年轻人也不足等。我想说"在让别人做这些事情之前，先自己做做看吧"（笑）。无论在哪个地区，都有卓越的，在当地积极创业的人。并不是当地没有这样的人才，而是活跃在当地的人才，不会聚集到像这些"什么都不做，就只会唉声叹气"的人的周围。

当我在陌生的地方考虑创业时，首先会去找那个地区最受年轻人欢迎的餐厅的老板。因为能够恰当地抓住当地敏感度较高的一代人的市场的人，才最具有人才挖掘能力。在这样的人周围，聚集着活跃在当地的人才。一切都是从这里开始的。

适当地掌握人的理解方式，才能解决地方的问题，也才能聚集人才。这样一来，人口减少反而成为提高地方生产力的机会。

01. 地方消亡

"地方会因人口减少而消失"的假想

比起人口增加政策，不如重新审视地方经营

地方振兴政策的起源，是由前总务大臣增田宽也担任主席的日本振兴会议提出的"地方消亡论"。"人口减少"导致"地方消失"这一有冲击性的言论，瞬间震惊了整个社会。

在一系列关于"地方消亡"的讨论中，混杂着三点议论。第一点是"地方存在本身的衰退"，第二点是"地方政府的经营破产"，第三点是"以国家为单位的少子化"。将这三点联系起来，就变成了"城市的出生率降低，所以只要把年轻人送到出生率高的地方，年轻人就会自动生育，其结果是地方复活，日本也复活了"这样的剧本，成为日本地方振兴政策的基础。

但是，事情并没有那么简单。

▶ 消失的不是"地方本身"

首先，"地方消亡"这一表述存在很大的歧义。提到地方消亡，会给人一种地方本身消亡的令人震惊的印象，但准确地说增田先生只不过是提议，由于人口减少"现行地方政府的行政单位，如果按照现状继续经营下去的话会倒闭"罢了。说到

底，他只是说如果人口持续减少，减少到一半时，那么地方政府就无法维持现状，会消失。也就是说，不是地方本身消失，而只是从以人口统计为基础的假说提出"地方政府破产"的警告。

但是，"地方消亡"却变成了一个神奇的词开始不受控制，成为现在"地方振兴"讨论的开端，并规定了其内容。

这里同样存在着问题。首先，就像"地方政府消失＝地方消失"一样，问题在于将地方政府等同于地方本身看待。归根结底，地方政府只是位于当地的行政服务单位，该单位需要不断地应对环境进行重组，以支持民众的生活。民众因为地方政府能够支援人们生活的基本"功能"而纳税。并且民众并不是为了地方政府而居住在地方，也不是为了支持地方政府而纳税。

另一个问题是，煽动"地方即将消失"的危机感，将少子化问题、地方政府的经营问题等全部归结为"人口问题"。最后，有关这一问题的议论演变成只要总和生育率急剧上升，使人口从大城市流入地方，就能解决地方问题。以人口为中心的"地方消亡"论，不仅将地方存在的各种问题束之高阁，还引发了背离本质的误导。

▶ 地方政府应该畏惧即将发生的财政破产

地方政府的破产，单纯是因为人口减少的因素吗？不，在此之前，我们需要面对财政破产的问题。全国各地都存在着财政持续恶化的地方政府。像夕张市这样的地方政府破产的事例绝非个例，今后还会有更多的地方政府有可能面对这一危机。

实际上，2014年9月，据预测千叶县富津市在2018年将陷入财政破产，将沦为与夕张市相同的财政再生团体，这一预测带来了巨大的冲击。不必等到2050年，地方政府本身就有可能因为财政问题而消失。

如何处理由于过去的失败而产生的庞大的地方政府债务，如何用持续减少的有限税收来应对包括福利在内的今后支出的增加。其本质是正视如何实现不破产的"地方政府的经营"。将地方政府的财政问题转换为人口减少问题，会让很多地方政府对财政问题的应对变得迟缓。所有问题都是由于人口减少而造成的，只要人口减少得到改善，一切就能迎刃而解，这种想法只是个幻想。不要忘记，正是因为夕张市地方政府破产，人口才会加速减少。

▶ 在让国民移居之前，必须重新审视地方政府的经营

在"地方消亡"论的解决方案中，完全没有涉及地方政府的经营改革。

如果人口减少，那么有必要重新审视地方政府现存的分散且效率较低的运作方式。例如，如果人口减少则有必要削减公务人员的人数。即使人口减少但为了维持最低限度的服务，几个地方政府可以组成事业合作体共同为较为广阔的地域提供公共服务等。而且，如第2章所述，我认为也应该积极探讨有效利用闲置公共设施、道路、公园等，创造新的公共收入。

"地方消亡"论并不是说地方政府要改变提供服务的方式，而是说现在的地方政府单位如果继续保持原状，那么因为人口

问题地方政府有可能会消失,这是非常危险的。地方政府为了保持现状不被消灭,要把国民从大城市转移到地方,却不考虑地方的现实情况,让其接受来自城市的人。我认为这只是一种单纯的收支平衡的想法,是一种以政治、行政为中心的有利于行政的社会观点。

少子高龄化问题是至少 20 多年前就被指出的问题,是我从小学开始就出现在学校教科书上的社会问题。人们早就预测到了这一问题。今后人口也可以进行一定的预测。我认为要应对这一问题,重新审视地方政府的经营本身才是切实且必要的政策。

日本大型补习学校代代木 Seminar 早在 20 多年前,就已经预估到少子高龄化所导致的学生人数减少的问题,建造了自己公司的大楼,设想今后可以将其转用为酒店或高龄者的住所。最近,代代木 Seminar 关闭了多所校舍,并按照计划对大楼进行了改造和使用。另外,在日本全国各地方的车站前,有大量近 10 年才开业的却几乎成为废墟的公共设施沦为再开发设施。这种差距从何而来呢? 不得不说,这源于对经营的可持续性意识的差异。

地方政府经营错误的不断累积,尽管可以预见将来的变化却不重新审视过去的方法的姿态,造成现在地方政府出现严重的财政问题。我认为如果不重新审视错误,仅仅是让大城市的人移居地方,地方的人敞开怀抱接受,是不能解决所有问题的。这就像往箩筐里倒水一样,即使移居,地方政府也有可能破产,是相当不负责任的建议。

▶ 应该正视大城市的少子化问题

在"地方消亡"的讨论中，还有其他被忽视的问题。提高地方的魅力，增加移居到地方的人，这本身当然是好事，但必须考虑大城市的少子化问题。具体来说，就是如何改善大城市的出生率。

如果要解决以国家为单位的少子化问题，正确的做法是消除居住着全国一半人口的大城市出生率低的原因，努力改善出生率。例如，作为少子化的主要原因，城市化导致生活费和养育费远高于地方的问题长期以来一直被诟病。可以说这是对出生在大城市的孩子和出生在地方的孩子的"反向歧视"。针对这一问题，重要的是从国家层面作为福利政策来解决，以促进人口出生率的增加。

不解决大城市出生率低的问题，认为因为是大城市所以出生率无法改善而放弃，然后让人们移居地方，是极其不负责任的。主流趋势是人口流向城市，因此我认为采取贴近这一现实的少子化对策是至关重要的。

大城市并非就不能改善出生率。放眼世界，巴黎、伦敦、柏林等世界上的大城市，近10年出生率一直在不断改善。而且从OECD[①]成员国可以看出，人口密度越高出生率越低的这一反

[①] 经济合作与发展组织，简称经合组织，是由38个市场经济国家组成的政府间国际经济组织，旨在共同应对全球化带来的经济、社会和政府治理等方面的挑战。

比关系得到了切实的改善。

▶ **不要奢望像赌博那样一击逆转，而要构建不破产的地方政府经营模式**

即使人口从地方向大都市圈的移动停止，很多年轻人开始留在地方生孩子，但是这些孩子要成长为全国的劳动力也需要一定的时间。在此之前，背负着严重财政问题的地方政府，根本无法维持现有经营模式。在延续现有经营方式为前提的基础上，有言论说"如果人口不移居到地方，或出生率得不到爆发性的改善，地方政府就会破产，我们也不得不放弃支援地方"，没有比这个更不负责任的说法了吧。

而且，日本的政府并不存在"破产"的规则。夕张市就是一个很容易理解的案例。地方政府财政一旦恶化，日本政府就会暂时替其偿还债务，而从每年的预算中持续偿还债务。结果，从居民的角度来看，即使纳税，预算都被用于偿还债务，公共服务也被削减。由于上一辈人的失败而欠下的债务，现在的一代人和未来的一代人将被迫永远偿还。没有"破产"这一规则，就会出现这样的结果。因此，很多人选择离开了那个地方。

父母欠下的债务，必须让子子孙孙永远承担下去，甚至连自己破产都不被允许。地方政府经营的可怕之处就在于此。

"地方消亡"论非常难懂的一点是，地方政府如果保持现状就会破产的这种警告固然重要，但其依据和解决方法却存在很大的问题。

这一指责本身是正确的。但是，如前所述，问题的根源并不仅仅是人口问题，作为解决方案，单纯解决人口问题是不够的，倒不如说更为严重的是与政治、行政的运营、经营相关的问题。有关人口问题，不应该仅从地方的角度考虑如何解决，而应该尝试解决大城市的出生率问题。即使是人口比日本少的国家，也有公共服务做得十分出色的案例，所以这并非不可能。

现在我们需要的，难道不是要重新审视应对人口爆发性增长时代的地方政府或各种社会制度吗？地方政府能够发挥重要作用的，不是通过促使人口移动或设立地方振兴拨款等，像赌博一样一击就能逆转没有效率而追求"数量"的对策，而是要构筑地方政府的经营模式，使地方政府能够适应社会变化，"不面临破产"的风险。

02. 人口问题

> 人口无论增长与衰减，都是问题
> **建立能够应对变化的机制吧**

人口问题，是现代特有的问题吗？并非如此。人口论的历史可以追溯到战前。重要的不是人口问题，而是日本的人口问题总是被反复诱导为"人口减少"或"人口增加"。

▶ 曾经推崇"控制人口"的时代

明治维新以后，如何养活激增的人口成为日本的一大课题。让人们去关岛、夏威夷、巴西、美国等地集体海外移民，是以转移过剩人口为目标的政策之一。当时的宣传语是，去比日本国内更加富裕的地区从而获得成功。更有甚者，指出日本入侵中国东北地区等侵略亚洲的背景是因为日本"必须要养活庞大的人口"。这在现在看来是不可思议的。但过去日本确实曾经有由于人口增长过快，在日本国内无法维持生计，所以让人们移居国外的历史。

话虽如此，但是现在由于人口减少，我们也在非常认真地讨论要把年轻人送到地方去生育这一政策，所以当时实施这样的政策也不足为奇。

第3章 人的理解方式 与增加"数量"相比,不如以"效率"取胜

尽管如此,关于食物供给问题的讨论还是越来越激烈。大正时代日本发生了"米粮暴动"等事件,必须采取进一步的政策应对,于是开始讨论"抑制人口"的对策。因为日本政府想要将人口控制在适当的规模,适当地分配粮食。

基于这样的有关人口问题的讨论,日本于1939年设立了"国立社会保障·人口问题研究所"的前身机构,该机构为"地方消亡"论提供各种人口统计数据等原始数据。由此,有计划的人口控制政策的讨论正式开始了。

这些理论的背景,是经济学家托马斯·罗伯特·马尔萨斯(Thomas Robert Malthus)于1798年发表的《人口论》。书中指出,在人口剧增的情况下,粮食生产的供应速度跟不上人口的增长,社会在贫困中挣扎。

以这一理论为背景,加上实际发生了米粮暴动。日本政府以"人口过度增长"为前提,开始提倡"少子化"。

然而,人口控制政策并没有持续太久。

日本进入战争后舆论风评急转直下,为了确保战斗力,政策转变为"生育吧、人口增加吧"。在此,人口论在受到纳粹德国的优生政策影响的同时,转变为象征国家主义思想的政策。

也就是说,这次的说辞变成了"战争需要人口,所以要增加人口"。本来说是为了维持生计而去侵略其他国家,但现在又说为了在战争中获胜需要更多的人口。

但是,结果不言而喻,日本迎来了战败。

▶ 第二次世界大战后，GHQ 也推行"人口抑制政策"

第二次世界大战后，人口学家汤姆森（W.S.Thomson）作为 GHQ（驻日盟军总司令）的顾问对日本的人口政策发表了观点，他对当时迅猛的人口增长表现出危机感，建议进行人工避孕限制生育的政策。也就是说，如果不采取适当的避孕措施来控制人口，是不可能实现战后重建的。

战后，日本粮食紧张，再加上从外地返回的人们和婴儿潮的到来，人口过剩论弥漫了整个日本。

此后，通过避孕等措施经过官民合作努力限制生育，使婴儿潮得到了缓解。尽管如此，在整个 20 世纪 50 年代，厚生省仍然坚持推进人口控制的观点，认为"降低出生率"才是日本必要的政策。

此外，20 世纪 50 年代日本政府在政策层面积极讨论"农村人口过剩问题"，为了应对这一问题，提出将农村人口过剩的次子、三子等年轻人转移到城市。而且，认为通过补充城市劳动力的不足，可以"支撑日本的经济增长"。

读到这里大家就会明白，这是与现代的"地方消亡论"完全相反的结构。通过将地方过剩的人口转移到城市，实现城市问题和地方问题的交换，进而为日本的发展作出贡献。

但是，之后农村人口出现过疏化，城市也由于激增的过剩人口而导致住宅不足等，各种各样的问题随之而来。

第3章　人的理解方式　与增加"数量"相比，不如以"效率"取胜

▶ **人口无论增长与衰减，都是社会问题**

像这样，"人口爆炸"在日本曾经作为社会问题被热议。也就是说，人口"增长是问题""衰减也是问题"。实际上明治维新之后，日本人口一直在激增，所以人们普遍认为日本人口如果超过1亿就糟糕了，要想办法解决人口爆炸问题。现在则演变成了如果日本人口跌破1亿就糟糕了，要想办法解决人口减少问题（图3-1）。

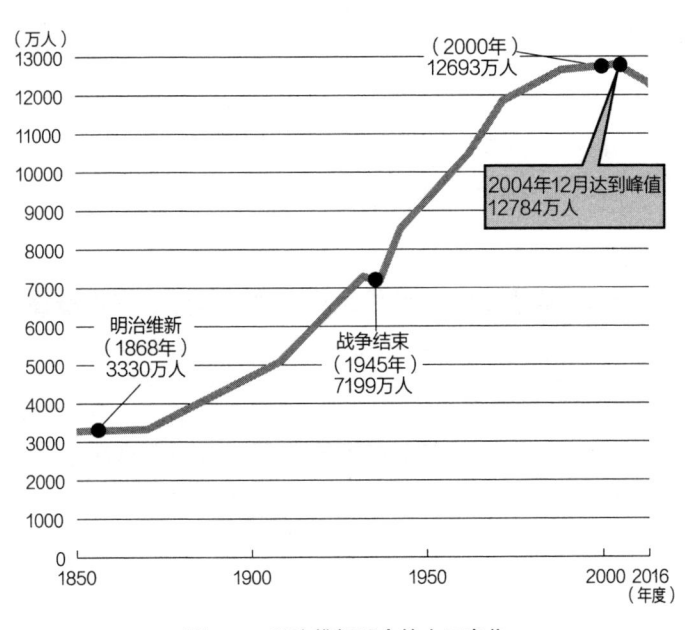

图3-1　明治维新至今的人口变化

一会儿说由于人口增加会导致日本崩溃，一会儿又说由于人口减少会导致日本崩溃，与人口论相关的讨论都是临时性

的。而且最讽刺的是，人口问题并不是通过人口政策来解决的。

曾经的过剩人口论认为，日本8000万左右的人口是过剩的，应该控制在6000万人左右。这是因为当时的过剩人口论是以粮食问题为基础的。但是，实际上随着农业生产力的提高，依靠工业化获得的经济能力可以通过从国外进口粮食解决这一问题，日本现在已经能够支撑超过1.2亿的人口。也就是说，人口增长问题可以通过经济、产业的发展来解决。

同样，关于人口减少的对策，也不能采取盲目增加人口的政策，只能通过以经济、产业政策来探讨新的营利方法来解决。相反，由于必须养活的人口减少，所以如果能提高经济活力的话，地方应该会变得更加富裕。

为此，有必要摆脱过去以人口过剩为前提的低生产力社会，确保生产力不受人口左右。

用机器人或人工智能等替代劳动力很重要。资产方面，有必要将占有模式转向共享经济等，在共有模式转化方面下功夫，向高生产力社会过渡。

我们需要的是，不被人口论所迷惑，以不断减少的人口为前提来设计的经济和社会。

03. 旅游

地缘和血缘的"平等原则",阻碍发展
与游客数量相比,更应该重视旅游消费

其实,人口论并不仅仅局限于指实际的"定居人口"。还有一种人口叫作"流动人口",是指以观光等为目的访问某个地区的人口。

在地方以及整个日本,想要突然增加"定居人口"是极其困难的。因此,为了激活地方活力,就要增加"流动人口",让不在当地居住的人前来消费。

为了增加"流动人口",在地方活性化领域中最热门的行业,就是"旅游"。

对于地方来说,旅游产业是具有增长潜力的领域,这一点毋庸置疑。如图3-2所示,2015年访日外国游客约为1973万人,2016年也有大幅增长,但从世界范围来看,国际游客人数已经超过11亿人。对于日本来说,这是一个可以进军的充满"无限可能性的市场"。

尽管如此,当我来到地方的著名观光地时,却遗憾地感受到增加旅游的流动人口的"可能性就只是可能性而已,不会那么简单地增长"。

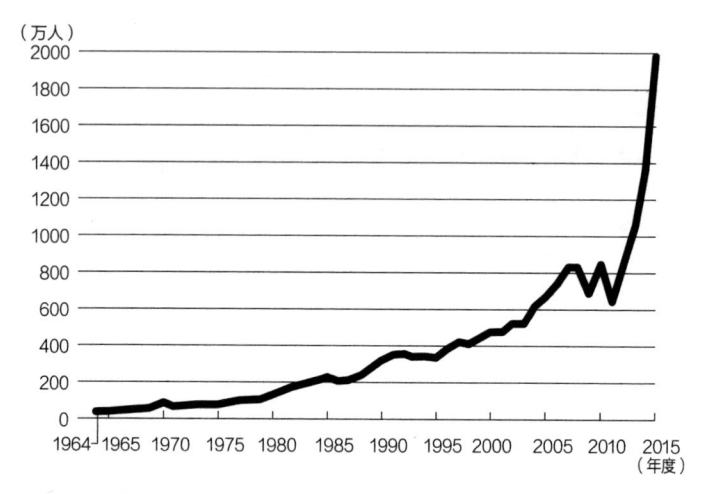

来源：《每日新闻》2016 年 1 月 19 日。http://mainichi.jp/articles/20160119/k00/00e/020/140000c。

图 3-2　访日外国旅客人数的变化

▶ **难以舍弃对"过去"的执念**

这是什么意思呢？

在有名的观光地，到处都有独特的商业习惯。

如果是"为了观赏历史遗迹，一生一定要去一次"的观光地的话，那么即使不做宣传，每年也会有大量的游客纷至沓来。特别是在神社佛阁等地方有开帐仪式①、迁宫仪式②等时

---

① 指将平日收藏在佛龛中的迷藏佛像、通灵之宝等向普通参拜者展出数日的活动。——译者注

② 又称式年迁宫，指神宫定期举行迁移神座的仪式，是日本神道教的重大祭祀仪式。——译者注

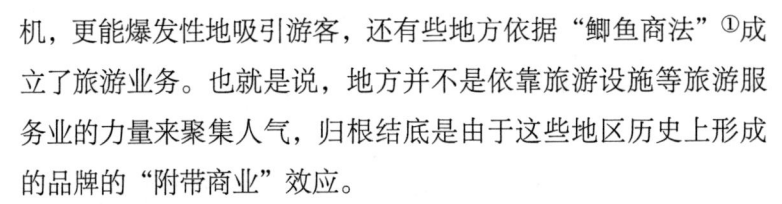

第3章 人的理解方式 与增加"数量"相比，不如以"效率"取胜

机，更能爆发性地吸引游客，还有些地方依据"鲫鱼商法"①成立了旅游业务。也就是说，地方并不是依靠旅游设施等旅游服务业的力量来聚集人气，归根结底是由于这些地区历史上形成的品牌的"附带商业"效应。

因此，酒店、旅馆等住宿设施及相关服务设施有很多至今仍在重复"以初次光临的新客为对象的商业模式"。他们认为"如何将旅行团的游客吸引到自己的设施"是决胜的关键。为此，在向旅行社支付揽客费用后，剩下的就是"尽可能在有限的预算范围内完成"。他们很难转变思路，依靠自身的设施和服务品质来吸引回头客。

这不仅适用于住宿设施，也适用于土特产商店和观光地的餐饮店。

无论去哪里，陈列的都是相同的商品，无论在哪个地区，销售的都是大同小异的温泉馒头，只是将外包装换成了本地的包装。而且，观光地的饮食店以"观光地价格"，将品质不怎么样的东西高价出售。

可以说这些商业习惯在某个时期之前，都是合理的。

也就是说，就像很多人指出的那样，在团体旅行作为旅游主流的时代之前还是可以的。但在泡沫经济破灭后自由行成为主流，个人会自行设计旅游路线。再加上网上预约的增加，以往的"新客生意"的不良评价被人们所熟知，拥有主动性的游

---

① 指在具有吸引顾客能力的大企业或知名企业的店铺或设施附近，开设或设立其他企业（鲫鱼），以等待从大企业那获得利益的策略。——译者注

客们越发不来住宿了。

但是，虽然业者明白这一点，却很难改正。因为一直做着"新客生意"，尽管会有一定的团体客人前来，但散客却会离开，依靠自己的力量无法吸引顾客。因为招揽不到客人，所以越来越依赖团体旅行或代理公司安排的客人，无法摆脱这样的恶性循环。

▶ 地缘与血缘的"平等原则"，阻碍发展

而且在观光地，存在着观光协会、旅馆协会等各种各样的协会，他们极其重视"平等原则"。

例如，土特产商店的营业时间是统一的。如果约定到了傍晚5点关门，那么大家就都必须遵守这一规则。

他们觉得就算土特产店夜间营业也几乎没有客人来，所以就关门了。这是在商业街，很常见的模式。

"因为客人不来所以店铺关门"，但如果关门的话，店铺就不可能会有客人来。进而，因为客人离去营业时间就会越来越短，这就是负面的连锁反应。"因为会有客人来，所以才开店"这一想法本身就很奇怪，相当于放弃了思考如何吸引客人前来的"好主意"。他们不会去思考晚上店铺开业如何吸引顾客光顾，也没有考虑如果店铺早晨也开店营业，该如何做。

这与地方旅游产业是地缘型事业、家族型事业有很大的关系。

正因为是地缘型事业，所以如果脱离了平等原则，受到地方的埋怨就很难营业。他们不愿承担破坏"村庄社会体系"的

第3章 人的理解方式 与增加"数量"相比，不如以"效率"取胜

风险。而且由于是家族型事业，所以很容易产生不需要勉强提高业绩，只要能维持一定的规模就足够了的想法。最重要的是，因为有有名的观光景点，所以即使对平等原则保持沉默，也能够招揽来一定的客人。越是拥有知名观光景点的地方，这种倾向就越强烈。

与找出地区的潜在成长性，进行必要的投资、改变营业方法、互相竞争相比，人们更倾向于遵守当地的平等原则，维持家族经营的现状。

▶ **地方的新型旅游模式，靠文化或生活方式获利**

在地方观光产业中，重要的不是观光游客的数量，而是旅游消费单价，还有旅游消费总额。航空公司和铁路公司只靠大量的旅客出行就能赚钱，但对于地方来说，如果不让来到当地的游客住宿，不让他们进行餐饮消费就无法赚钱。也就是说，旅游消费才是最重要的。

因此，今后如果继续保持上述被动的姿态，固守当地旅游产业过去的商业习惯，仅靠地缘、血缘型发展这一方式，即使吸引了大量游客，旅游产业也得不到发展。相反，业者有必要积极地改变自己的项目方式。将以往的"10万人消费1000日元的旅游"转变为"1000人消费10万日元的旅游"，这对规模较小的地区来说是现实的、提高旅游产业生产性的措施。

例如，位于越后汤泽这个地方，却不从事滑雪观光生意的"里山十帖"温泉旅馆。

这是出版《自由人》杂志的出版社开设的温泉旅馆。基于

独特的价值观，将预计要停业的温泉旅馆重新翻修建成的旅馆。强调"这里没有极致的服务""由于旅馆是木制的，所以隔音不好""旅馆建在虫子的住处上""原则上不建议您带孩子来"等，以推翻现有住宿设施常识的经营方针而大受欢迎，客房入住率持续超过90%，很难预订。而且，顾客平均消费单价超过了3.5万日元。尽管地方无法建造大型旅馆，但这一案例告诉我们，开设规模小但单价高、入住率高的住宿设施是可行的。

在地方，不能只把决策权交给既有的本地企业，"重构企业管理体系"是非常重要的。有必要通过企业管理体系的重构，促进新的资本和人才的流入，以及地区内其他行业的参与。这样一来，日本地方所拥有的各种资源就能从可能性转移到实际创造价值的阶段。

04. 新干线

"梦幻王牌"的美好幻想
创造吸引人来的"理由",有效利用交通网

地方交通不便,所以人口减少、持续衰退。因此,只要让地方变得便利,人就会聚集起来,企业也会从东京转移到地方。以这样的理论为背景建成的工具之一,就是"新干线"。

2015 年,北陆新干线开通。此后,2016 年,北海道新干线开通。

北陆新干线的开通被认为是比较顺利的,但受此影响,客流量被大幅抢走的机场线路却陷入了困境。这就是所谓的自相残杀吧。另外,北海道新干线在开业第一天盛况空前,但之后就一下子陷入了低迷。虽说北海道新干线从一开始就被认为是会亏损的线路,但现在的状况非常严峻。

这里我比较在意的是,"新干线真的对振兴地方有帮助吗?"

▶ **新干线并非地方振兴的"梦幻王牌"**

在思考地方振兴项目时,我们总是期待能够解决该地区所有问题的"地方活性化起爆剂"。新干线一直被认为是"梦想的王牌"。

但是，从过去的结果来看，新干线并不是"建成后就完成了地域活性化"或"建成后就结束了"。

过去，由于地方的社会资本薄弱，大家都在关注"如何把新干线建设到地方"。这在新干线建成之前是很重要的。但新干线建成后，那些地方的经济就真的会被激活吗？答案众所周知。

如图3-3所示，在约半个世纪的时间里，不仅是新干线，包括高速公路、地方机场在内的交通网均得到了完善。今后的地方振兴，与建设这些基础设施相比，更需要的是"如何有效地利用这些交通工具"。

那么，在地域活性化方面，随着新干线的开通会发生什么呢？必须采取怎样的对策呢？让我们在过去教训的基础上，和大家一起重新思考这个问题。

▶ 交通网只是"一种手段"

2015年3月，开通至石川县金泽的北陆新干线，被期待成为"北陆地区经济活性化的起爆剂"。

石川县新干线开业影响预测调查显示，预估新干线所带来的包括观光、商务在内的"经济效益"每年约为121亿日元，结果大大超出了当初的预想，经济效益达到了约421亿日元。石川县观光产业规模约为2600亿日元，可以预测今后观光产业会有一定的发展，产生惠及其他产业的效果。

话虽如此，石川县的县民生产总值却高达4.2万亿日元。虽说新干线的开业有一定的效果，但单纯依靠新干线所带来的

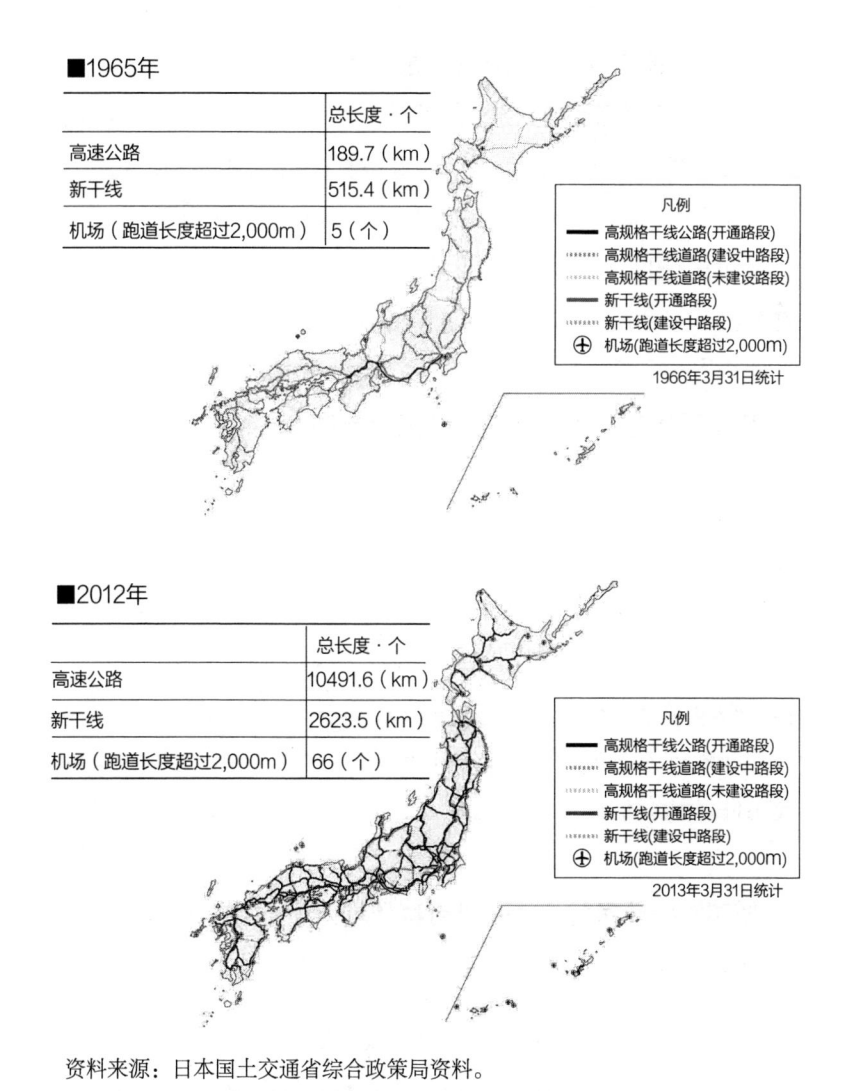

第3章 人的理解方式 与增加"数量"相比，不如以"效率"取胜

■1965年

	总长度·个
高速公路	189.7（km）
新干线	515.4（km）
机场（跑道长度超过2,000m）	5（个）

凡例
— 高规格干线公路(开通路段)
▭ 高规格干线道路(建设中路段)
▭ 高规格干线道路(未建设路段)
— 新干线(开通路段)
▭ 新干线(建设中路段)
⊕ 机场(跑道长度超过2,000m)

1966年3月31日统计

■2012年

	总长度·个
高速公路	10491.6（km）
新干线	2623.5（km）
机场（跑道长度超过2,000m）	66（个）

凡例
— 高规格干线公路(开通路段)
▭ 高规格干线道路(建设中路段)
▭ 高规格干线道路(未建设路段)
— 新干线(开通路段)
▭ 新干线(建设中路段)
⊕ 机场(跑道长度超过2,000m)

2013年3月31日统计

资料来源：日本国土交通省综合政策局资料。

图3-3 与交通相关的社会资本建设的演变

123

效果,并不能一下子让石川县整体复苏。我们有必要冷静地看到,新干线的建设,归根结底只是"一种手段"。

新干线开发至今已经过去了半个世纪。如前所述,日本已经在全国建成了机场、高速公路等多样化的高速交通,与半个世纪前相比,新干线的优势相对下降。再加上互联网的存在,工作和居住区域的选择、旅游行为、商圈结构等变得越来越复杂。

▶ **将新干线与成果联系起来的三个条件**

这样看来,首先最重要的是什么?那就是"不要对新干线抱有过高的期待"。

自己所在的城市,靠什么生存?为此,必须做怎样的努力?这一基本方针更为重要。为了实现这一点,原则上我们要充分利用交通工具。

回顾过去的案例,新干线在开通时,以下三项是成功的必要条件。让我们逐一来看吧。

▶ **成功的必要条件1:采取与其他地方不同的"独特的经营方式"**

目前,东北新干线、上越新干线、九州新干线等地方新干线已经开通。那么,这些新干线,使这些地区再生了吗?

就一部分地区而言,可能可以说"再生"了。但是,从1982年上越新干线开通前后的5年来看,新潟县内的人口增长

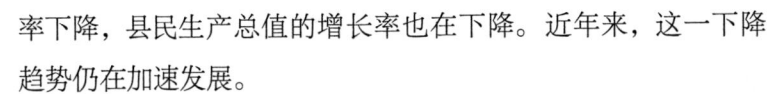

率下降，县民生产总值的增长率也在下降。近年来，这一下降趋势仍在加速发展。

1997年开通的长野新干线，如何呢？还是来看一下新干线开通前后的情况吧。在长野县内，2001年与1996年相比虽然人口增加了约3.7万人，但企业却减少了约5100家，员工人数减少了约3万人。2002年后长野县也转为人口减少，其减少幅度甚至高于全国平均水平。

有些专家只着眼于对已开通新干线车站的市町村的短期统计。最典型的是只看到新干线建成初期的集客效果，就有人说"没有出现大家担心的（人口被东京等大城市吸走的）吸管效应"。但是，从长远来看，或者从广域来看，从长野县的案例我们可以发现，城市功能确实被外部地区吸走了。单靠运行新干线来使地方再生是很困难的。

另外，选择采取与此不同的"独特的有效利用方法"的地方，却取得了成效。

比如长野新干线的轻井泽地区。众所周知，轻井泽依靠住宅地的魅力，现在需求依然坚挺，获得了很高的评价。对于轻井泽来说，新干线不仅仅是为商业和旅游服务的，而是选择了"为了让人们到这里来住宿而建成的新干线"这一新干线的有效利用方法，由此使人口增加，也扩充了当地市场的规模。

此外，上越新干线经过的新潟县大和町（现在的南鱼沼市），在新干线开通的同时通过引进国际大学和县立国际信息高中，谋求学术集聚。时至今日，英语教育的必要性受到了高度重视，而国际大学已经将英语作为学校内的通用语，教育水平也在国际上得到了很好的评价。与此同时，新潟的优秀企业也纷纷将总部迁移至此，产生了聚集的效果。

从轻井泽和南鱼沼市的案例中可以看出，充分发挥地方特色，"如何才能在与大都市圈的竞争中占据优势"的这种明确的目标思考方式是非常重要的。也就是说，究其原因，我们需要的是"创造去那个地方的明确的目的"。

与此相对最糟糕的情况是，单纯运营新干线。实施了"建设站前广场""土地区划整理"等一般性的获得补助金的活动，并以发放补助金为由，展开了旅游邀约活动。如果采用这种"既有的模范答案"的做法，那么毫无疑问这个地区会被埋没，走向衰退。

▶ 成功的必要条件2：如何重建由于新干线的开通而变得不方便的区域内交通？

新干线建成后，城市之间的移动明显变得更加便利。另外，还有一个严峻的现实，即地区内的公共交通变得越来越不方便，与新干线并行的在来线等旧铁路线，不少被转交给第三部门经营。因为这些大多是亏损路线，所以运费比以前上涨了1.2~1.3倍。此外，还有些特快线路被废除，与JR相关的巴士的重组等，新干线以外的地区内公共交通，成本日趋升高且越来越不方便。

因此，在讨论有效利用附近没有新干线车站的周边地区这一点上，不仅要考虑"新干线+在来线"，而且有必要采用"新干线+α"的方式思考如何吸引乘客。

以远离新干线车站的地区为例，在青森县八户市有一个将郊外生鲜批发市场观光据点化的成功案例"八食中心"。在八食中心，开通了始发八户站的"八食 100 日元巴士"，通过"新干线+巴士"的线路开发来吸引游客。此外，还开通了连接市区的"八食 200 日元以下"巴士，由此将新干线车站和位于郊外的八食中心以及市区连接起来。

这时，据点经营最重要的是要考虑"本地利用（批发或零售）+旅游利用"的组合结构。毕竟游客的人数总是会有波动。在以当地的客源确保基础收入的同时，将活用新干线车站的观光游客的收入"定位为奖金"，以此来确保稳定的经营和"增长的空间"。

像这样，在创造出让游客来访当地的明确的目的的同时，"自行补充和完善不方便的地区内的交通网"，这不仅对新干线车站据点，对产生惠及周边地区的经济效果都是非常重要的。

▶ 成功的必要条件 3：为防止看不见的资本吸管效应，进行本地资本投资

前面提到，成功的必要条件有三点。那么，第三点是什么呢？是吸管效应。

如前所述，在一些地区能够看到由于新干线的开通导致当地事务所关闭，人口也流向大城市等典型的"吸管效应"。实际上，估算石川县也将由于北陆新干线带来的这种"吸管效应"，"每年产生 27 亿日元的负面影响"。

但实际上，区域之间存在着看不见的吸管效应。这就是大城市资本不断进入地方，"不断占领地方市场的结构"。

比较容易理解的是新干线主要车站的车站大楼的开发。看看新干线主要车站的车站大楼就明白了，全都是东京或大阪资本的百货公司或大型连锁店。

这意味着什么呢？大城市资本企业向地方城市进军，对当地来说乍一看是提高了便利性。人员聚集，公司数量增加，工作岗位扩大，貌似应该是欣然接受的事情。但随着大城市资本的进入，该地区产生的利益最终会通过连锁店被大城市吸走。

那么，我们只能坐以待毙吗？并非如此。例如，在鹿儿岛中央车站，当地的经营者经营着"鹿儿岛屋台村"①。这里以年轻经营者为中心，彼此切磋琢磨，充满活力。对于新车站周边形成的新市场而言，即使规模小也没关系，由当地的经营者发现商机并进行投资，是极其重要的。

▶ **思考"在基础设施建设之前，创造某种使用目的"**

新干线能够实现大城市之间的高速、稳定、大量的运输，对于改善以国家为单位的生产力来说，在各个方面都有其合理性。但是，对于地方来说，如果不独自思考明确的有效利用方法，采取对策的话，有时可能会起到反作用。

如果有机会思考新产业和据点的建设方法，以及城市的发展方式的话，是有可能活用新干线的。虽然在旅游产业中新干线也有应用，但仅靠一般的旅游活动和旅行团是不够的。正如

---

① 屋台，指货摊、摊床。这里指鹿儿岛小商品、小吃一条街。——译者注

第3章 人的理解方式 与增加"数量"相比，不如以"效率"取胜

前文所叙述的，设定区域特有的经营、不单纯依靠新干线和在来线，自己补充交通网，再加上本地资本的投资是成功的3个"必要条件"。

在此再次强调，重要的不是建造新干线，而是创造人们乘坐新干线来此地的"目的"。如果搞错了这一点，新干线不仅不能成为聚集人口活性化的起爆剂，反而会适得其反。这个道理，不仅仅适用于新干线，也同样适用于高速公路、地方机场等所有的基础设施，难道不是吗？

05. 高龄者移居

| 过于简单粗暴的"纸上谈兵"
| 明确"要吸引谁来？"

在地方振兴政策中，不仅年轻人要移居地方，高龄者也要去地方。其背景是2015年6月4日，倡导"地方消亡论"的"日本振兴会议"所概括的新的方案。

简而言之，就是"最近东京圈的老龄化非常严重。这样下去的话，首都圈会由于高龄者的增加，医疗、福利崩溃，所以高龄者们，去地方吧"。

第一年的提案是"年轻人×地方活性化"（少子化对策），第二年提出了"高龄者×地方活性化"（老龄化对策）的提议。

▶ 人口会按照"供给方逻辑"移动吗？

事实上，"老龄化导致首都圈的病床和医生不足"这一问题一直以来争论不休。问题本身确实很严重。但是，我认为作为政策最重要的是现实性。

到目前为止，不仅仅是东京，地方的政令指定都市[①]和中

[①] 是日本基于《地方自治法》由行政命令指定的城市自治制度，法律上也把它们简称为"政令市"或"指定都市"。——译者注

第 3 章　人的理解方式　与增加"数量"相比，不如以"效率"取胜

核市①等的人口总体上都在增加。这是因为人口从周边城市不断涌入。人口聚集到城市，是因为对于年轻人来说有各种各样的好处。其中最典型的就是就业机会。高龄者亦是如此，因为有各种优势才会移居到城市，其中一个原因就是这里有完善的医疗福利服务。

那么，有一定积蓄的高龄者的移居，并不是"谁提供服务都可以接受"，而是基于"尽可能地接受有选择的、高水平的医疗和福利"的需求。不仅仅是移居者。原本就住在城市里的老年人，也期待能得到高水平的医疗和福利。

这样一来，如果有人对你说"今后城市的床位会不足。地方有很多空闲的床位，请您去那里吧"，该怎么办呢？如果自己就是当事人，你会说："好的，我知道了。明白了。"然后就乖乖地去地方吗？

就像强制要求年轻人"要想生育就到地方去"一样，要求高龄者"今后如果想要接受医疗福利服务就到地方去"，也是不切实际的方案。

▶ **地方政府的问题不是人口问题，而是财政问题**

那么，地方的医疗状况如何呢？一去地方就会发现，有时会有与城市规模极不相称的大型医院耸立在那里。然而，这样

---

①　是日本自 1996 年开始实施的一种城市行政制度。中核市可拥有较一般城市及特例市更多的原本属于都道府县的权限，但权限少于政令指定都市。

的大型医院，不仅医生不足，事实上由于当地政府的医疗费用等社会保障相关的财政负担很重，也无法扩充。地方医院的经营，未必稳如磐石。

2014年有关"地方消亡"的提案中，主要只关注了出生率的差异。

在2015年的提案中，重点关注的是医院床位数量的"地方空余"和"城市不足"。然而，仅仅由于地方的"床位空余"，就可以说地方具备支持老年人的医疗福利的容量（收容能力）吗？

这看似是理所当然的事情，但有关这一提案，地方政府提出了这样的建议："能否同时考虑给予地方财政上的支援呢？如果只把高龄者强加于人，我们也很困扰。"的确如此。正如我反复强调的，地方政府面临的问题是隐藏在人口问题背后的财政问题。地方政府没有足够的财源来支撑需要财政负担的医疗福利人员，才是问题所在。

▶ 这是加重地方负担的地方政策吗？！

这次的提案，大致来说是"地方，在某种程度上存在床位过剩现象。只要把老年人召集过来，利用剩余的床位就可以了"，但实际上，仔细研究提案就会发现，事情不止于此。

例如，为了降低"人才依赖度"，有人提议开展机器人护理等。这好像一下子解决了地方人手不足的问题，简直是一箭双雕。但实际上，这件事并没有一定要在地方实施的必要性。

此外，需要注意的是"从完善居住环境到集约都市功能"，

第3章 人的理解方式 与增加"数量"相比，不如以"效率"取胜

这一着眼于都市功能完善建设的提案。退一万步讲，如果是医疗福利设施的话，现在的还能使用。但如果要对从东京圈等地涌来的大量移居者提供从居住到生活服务的整体服务，会怎样呢？当然，在地方，仅靠现有的医疗、福利预算是完全不够的。

的确如此，有人会提出"有效利用空置房屋"的方法。虽然从全国来看东京圈的空置房屋比例相对较低，但却忽略了原本住宅基数就大的事实。

也就是说，虽然东京的房屋空置率很低，但实际数量却非常庞大。的确，从取得用地到开发建设新的基础设施，地方的价格可能更低廉。然而，如果从"有效利用已有存量"空置房屋的角度来看，市中心周边区域也有充分的优势。这一讨论还需要进一步进行细致的调查。

除此之外，为了鼓励人们移居地方，还有人提出提供补助金等建议。实际上到目前为止，地方政府为了鼓励移民定居已经出台了各种金钱奖励政策，但仅凭这些并没有改变人口流动趋势。

而且，好像还有"由于雇佣期限延长，老年人的地方移民正在减少"这一观点，考虑到养老金等减少和对今后生活的不安，可以说今后对于老年人来说"退休之后，在乡村轻松地生活"等已经是"可望而不可即"了。这样一来，大家能待在城市就待在城市，能工作就工作的想法也就顺理成章了。

结果，如果想要强行把人转移到地方，就必须准备相应的奖励，并建设完善相关设施。那样的话，应该就不会仅凭地方

133

有医疗福利的剩余床位，就断言让老年人去地方就可以了。

▶ 单纯依靠人口移动，无法解决收缩型社会的问题

归根结底，仅仅依靠人口移动来解决社会问题的做法是不合理的。

问题的根源还是财政问题。由于高龄者增加，有必要重新审视所需要的医疗、福利及包括养老金在内的生活整体，以及支撑这些负担的结构。

理所当然的，因为地方有病床就让他们去地方"使用这些床位"，就需要花费医疗福利的成本。以现在的水平能维持到什么程度？在这种情况下，医疗福利的成本由谁来承担、如何承担？不重新审视整体的社会制度设计，只是让人口流动，是无法解决问题的。

与不现实的计划相比，我认为就像到目前为止在首都圈一直热议的话题一样，为加速培养医疗相关人员采取增设首都圈医学部等对策，或者正视首都圈住宅区的改造问题是现实的。而且，还可以采取一些让人们即使成为老年人，也能过上健康生活的政策。

另外，对于地方来说，比起单纯地强制老人移居地方，更好的方式是通过独特的医疗福利服务，实现让老人"自主选择的模式"。

前几日，与我曾有过一面之缘的某福利法人的经营者，在地方政府曾经在当地出资建造的，现在已经不再使用的温泉设施旁建设了"特别养护老人之家"。温泉设施同时面向当地开

放，实行一体化经营，博得了很高的人气。这家养老院有效利用过去的"地方资产"，实现了有魅力的福利服务。在饮食使用的食材方面，也与周边农户签约，设法实现资金在当地运转。

此外，城市中收入在一定水平以上的夫妇，晚年当然也希望各自住不同的房间，有时甚至要求住在不同的楼层。有的丈夫想去乡村务农，妻子想去城市和朋友玩。有些人希望不仅仅居住在一个地方，而是在多个地区往返居住，还有人希望每年去城市接受几次正规的体检。说实话，以过去的"老年夫妇"形象为前提，再加上任性的地方振兴政策逻辑，在不给地方政府带来负担的前提下召集有生活能力的老年人移居地方，是不切实际的。

我认为以"东京 VS 地方"的计划将所有人逼入绝境，将行政政策的失败转嫁给国民，极端地说就是不断要求"人口移动"的政策收效甚微。最重要的是，我完全不认同这种"半强制性的政策"会振兴地方。

倒不如说，我希望地方政府不要用一次性的预算建设和完善老年人居住设施，却没能吸引到期待的入住者，最后只能用苦肉计吸引到只会增加地方政府负担的老年人。

重要的，不是输送人口，而是创造出一个让人能够积极选择的地方。这一点，无论是老年人，还是年轻人都同样适用。

第3章 人的理解方式 危险度 检查表

01
- ☐ 认为地方问题的原因是"人口减少"
- ☐ 首先优先"人口增加策略"
- ☐ 没有确认过地方政府的财务状况
- ☐ 认为最终国家会想办法解决

▶ 正视不会破产的"地方政府经营"吧!

02
- ☐ 认为人口减少是问题,但人口增加不是问题
- ☐ 认为如果人口减少,那么所有的产业都会完蛋
- ☐ 认为首先政府召集来年轻人是很重要的
- ☐ 认为效率化对地方不利

▶ 思考以人口减少为前提的项目,提高生产力吧!

03
- ☐ 采取吸引大量游客的活性化对策
- ☐ 认为以"新客"为对象的生意最赚钱
- ☐ 推行举办很多活动的地方振兴项目
- ☐ 不能违反当地的规定

▶ 转向用自由的创意增加"旅游消费"的项目吧!

04
- ☐ 认为当地经济衰落,是由于交通网不完善
- ☐ 没有去过全国各地的新干线车站考查调研
- ☐ 认为游客增加就是成功
- ☐ 不看地区内经济规模,只看经济效果
- ☐ 认为外地知名企业的进驻,是当地的骄傲

▶ 制造吸引人来的"理由",做让当地资本赚钱的生意吧!

05
- ☐ 打算先建设施,再召集人
- ☐ 认为用补助金建设和完善设施就能成功
- ☐ 认为如果建成福利设施,地方就会复苏
- ☐ 没有看过值得参考的海外事例

▶ 打造出被积极选择的地方魅力吧!

第4章

资金流向的观察方式
官民合作实现"整个地区"营利

第4章　资金流向的观察方式　官民合作实现"整个地区"营利

在促进地区发展的领域，历来都忌讳金钱的话题。

大家一边说着"这不是钱的问题"，一边使用税金。不考虑收回投资成本而努力开展地方振兴项目的结果是，越做地方的损失越大。

我从学生时代开始参与的地方振兴项目，无论哪一个都没有充足的预算。我们意识到，"因为没有钱所以才激发了智慧。如果有了钱，智慧就会退缩"，于是我们凭借自己凑出的较少资金和智慧克服了这一困难。

现在我在日本各地成立的公司，也都是利用自己手中的资金进行投资，坚持营利经营，再一点点增加资金。然后，在公司超过一定规模时，利用融资等金融手段给地方带来变化。要想持续改善地方状况，就必须建立能够让资金持续运转的机制。如果总做着把手头资金用完的项目的话，就太不像话了。正视可以用自己的钱营利这件事，才能激活地区活力。

如果能够看清资金的流向，就能改变对各种各样的地方振兴项目的看法。例如，在日本，虽说要振兴正在衰退的城市中心，但几乎没有人以"提高房地产价值"为目标。但是，如果把城市看作房地产的集合体，就会发现所谓的再生就是提升房地产的价值。2003年，我首次前往美国体验城市再生项目时，听到这样一句话,"社区营造就是资产管理(不动产经营)"。原本使想在这个地区居住的人、想开店的人增加,抑制供给的话,房地产价值就会上升。而且,如果房地产价值上升,房地产所有者就会受益。这样一来,就有可能让房地产业主筹措再生城市中心部的资金。

因此,无论在地方还是城市,我基本上都是和房地产业主一起合作开展业务。如果是在城市中心,就和小型建筑的业主一起创建公司。如果是在温泉街,就与经营旅馆的业主合作。比起和行政部门打交道,与房地产业主的沟通更为重要。而且,这不仅适用于都市中心部,也同样适用于在农业地区与拥有农田的人,在林业地区与拥有山林的人,在渔业地区与拥有渔业权的人一起合作。

能够正确解读地方的资金流向,由擅长运用资金的人才来进行社区营造,这才是激活地方活力的必要条件。

01. 补助金

| 导致经济衰退无限循环的万恶之源
| 创造"获利后持续投资"的良性循环吧

在各种各样的地方振兴领域，大量的税金被当作"补助金"使用。所谓补助金，是指在地方开展某个项目时，用税金弥补资金不足的一种援助政策。该制度是基于这样一种假设：能够解决预算不足的问题并实行该项目，就能给地方带来活力。

例如，有一个需要 100 万日元预算的地方振兴项目，当地只能准备 50 万日元，但如果能活用可以资助整体 1/2 预算的补助金制度，剩下的 50 万日元就可以由行政部门通过税金筹措。也就是说，（看起来好像是）用 50 万日元做了 100 万日元的事情，这就是补助金项目。

提到商业街，就连商业街的拱顶都有补助金，稍微有点设计感的路灯，彩色或红砖铺设的道路，闲置店铺突然开张且变成特别漂亮的店铺，还有举办的大多数活动，这些都有补助金的参与。

不仅是商业街，还有农业、林业、水产业，只要是在地方肉眼所见的事物，都有为了激活地方活力的补助金的参与。

然而，尽管补助金无处不在，但这些措施不仅收效甚微，而且不断失败，结果导致地方持续衰退。

为什么用税金填补了不足的预算，地方却没能复苏呢？在这里，介绍一下其基本原则。

▶ 为什么投入了数万亿日元的补助金，地方却没能振兴

如果可以免费得到钱，地方好像就能够振兴。但地方振兴需要的不是"金钱本身"，而是"持续赚钱的引擎"。

在开展地方振兴政策之前，政府就以五花八门的名目为地方划拨了庞大的预算。但是，却完全没有取得成果。为什么几万亿日元的资金被分配到以振兴地方为目的的项目上，地方却没能振兴呢？

其理由非常简单。也就是说，因为使用税金＝全都是"不能产生利润"的项目。

地方振兴，单纯依靠"收入再分配政策"是无法实现的。

因为与东京相比，地方更为吃亏。所以即使想要将这部分资金进行再分配而发放补助金，也无法激活地方。

为什么这么说呢？因为补助金一旦发放，就会消失在这个项目所需要的各种经费中，并以此告终。这些钱只进行了"一次循环"（一个周转）。如果把经费的一部分作为人工费分发给各地的人还好，但如果外包给地区以外的人，好不容易到手的预算就会流向其他地区。不管怎么说，问题在于这些钱只使用一次就结束了，再也无法产生同样的效果。

例如，商业街使用国家的预算，委托大型广告公司举办大

第4章 资金流向的观察方式 官民合作实现"整个地区"营利

规模的活动,这样的活动做一次就结束了,而且,利润会被带回到东京。

公共设施的开发也是如此。如果大规模建设项目由大型建筑公司中标,那么转包的部分会分给当地企业,但从地区内经济的角度来看,这笔微不足道的资金仅使用一次就结束了。为地方振兴事业提供预算被比喻成"向沙漠中洒水"或"兴奋剂",其原因就在于此。

也就是说,问题在于"钱运行一次就结束的结构本身"。

▶ 没有正视"利润"的"预算型活性化项目"

地方需要的,不是只投入一次资金就结束的项目,而是以投入的资金为基础,将其带入地区内经济并持续运转的引擎。

以投资的资金为基础产生利润,再以此为基础进行投资。进而雇用更多的人,这些人在当地创造更多的消费,由此才能形成"良性循环"。

如果地方有要持续发展的项目,那么在项目启动时就不要只停留在一次性的资金投入,而是要思考如何每年都能创造就业机会、创造利润,进而能够在该地区进行"再投资"以振兴地方。在这样的过程中,引擎会进一步被强化,不仅是地区内经济,也有可能发展成以地区外部经济为对象的项目。这关系到地方的发展。

那么,什么是地方衰退呢?这是一个以经济问题为开端引发的问题。

"没有像样的工作"→"因为没有像样的工作,所以人口也

143

越来越少"→"因为人口越来越少,所以工作岗位就越发减少",形成了这样的负面循环。我们只能想办法,斩断这样的负面循环。

为此,我们必须正视能够创造利润的项目。

▶ **创造利润≠剥削**

一提到"创造利润",就有人认为"那是剥削",这是大错特错的。事实上,没有利润,就意味着这可能是谁都不愿意为之付出代价的项目。要想在正规的项目中获得利润,就必须采取有魅力而且高效的方法。

如果只做一些没有利润的项目,就像前面所提到的那样,无论到什么时候,地方经济都不会有任何起色。不管投入多少资金,都总是只会减少不会增加,也无法形成良性循环。而且,容易变成如果资金不足就不得不继续投入的结构,变成与地方活性化相去甚远的状况。

如果促进地方发展是基于"具有公共性→提供补助金→不能产生利润"这一概念,其作用是有限的。这样是很难振兴地方的。

一旦有行政部门参与项目,不仅是政府就连民间人士也陷入了"本来就不产生利润,不能产生利润"的固有观念。事实上,在某个地方政府的研修中,曾经有人对我说:"正是因为我讨厌那些只想着赚钱的民间团体,所以才到市公所工作。"也听到过民间的人士说:"振兴地方没有利润,是行政部门的工作。"等等。

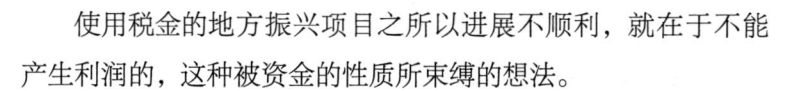

第4章　资金流向的观察方式　官民合作实现"整个地区"营利

使用税金的地方振兴项目之所以进展不顺利，就在于不能产生利润的，这种被资金的性质所束缚的想法。

反之，如果真的是以振兴地方为目标，就必须下定决心"停止所有无法产生利润的活性化项目"。

无论聚集了多少人，或被多少媒体报道过，都没有意义。因为只有"创造出能够让地方资金持续运转的引擎"，即"创造出切实的利润"，才能实现地方的持续振兴。

▶ **如果不以民间为主体正视利润，就没有出路。**

但是，这里出现了矛盾。

如果能正常营利的话，不就可以从当地的个人或银行募集资金，开展地方振兴项目了吗？不必花费税金，去搞什么活性化项目不是更好吗？

的确如此。

以努力促进地方发展的名目让资金流动，对于在一次性循环系统中侵吞资金的人们来说，"通过税金振兴地方"是不可或缺的。然而，这一效果完全没有惠及整个地区。与其说"取得成果的项目不依赖补助金"，不如说地方项目在依赖补助金的阶段，就已经陷入了"衰退的无限循环"之中。

地方振兴需要的，是能够筹集资金的项目开发，是民间挺身而出，正视市场和利润创业。到目前为止，在地方振兴中取得成果的，都是由民间创立并推进项目的地区。

行政部门原本就没有创造过利润，也不是为了这个目的而存在的。政府也是一样，虽然它们能够决定分配的内容和规则，但并不是以赚钱为目的的集团。也就是说，除非民间站出来担此重任，否则地方无法恢复活力。

反之，如果民间提出"不能特意做这种赔本的生意啊""风险还是让行政部门承担吧"等，放弃努力进行地方振兴项目开发的话，可以说地方再生基本无望。

不要当真以为"促进地方发展是政府、行政部门的工作"。这才是让地方陷入衰退漩涡，无法摆脱"衰退的无限循环"的原因。

不是让政府填补不足的资金，而是利用手头的资源投入到项目中以获取利润，然后继续投资到下一个项目，形成良性循环，才是激活地方活力的根本。脱离这一结构的补助金项目，无论获得多少资金，都无法从本质上激活该地方的活力。

02. 表面计划

满不在乎地制订不现实计划的原因
直面"近乎残酷的现实"吧

除了补助金这种政府扶持制度，地方浪费自己有限的资金的元凶是"表面计划主义"。在这里，让我们探讨一下"制订徒有其表的'表面计划'，是如何给地方带来损害的"。

▶ **地方政府为什么会提出不切实际的计划**

2014年年底，日本内阁会议通过了地方振兴相关的《城镇、人口、工作振兴综合战略》，从国家层面提出了今后五年的目标、措施和基本方向。基于这一政策，各地方政府也发布了"综合战略"。

这些计划，可以在网上浏览查阅。请大家一定要确认一下自己所在的地方政府制定了怎样的综合战略。

抄袭其他地方的计划，或没有实效性的计划，只会让当地政府疲惫不堪。遗憾的是，在查阅各地方的"综合战略"时，我发现了很多让人疑惑不解的事情。

例如，作为地方振兴政策的第一次综合战略京丹后市（位于京都府最北部的一个城市）发表的"战略"，就令人大吃一惊。为什么这么说呢？这是因为京丹后市当时的计划是按照人口今后会出现"V"形上扬曲线的剧本来设定的。

"地方振兴"，原本是由于地方的人口问题开始的。因此，作为地方政府向国家提出的计划，如果以人口减少为前提，或许是不合乎常理的。

该市的人口约为5.9万人。国立社会保障·人口问题研究所预测，到2060年人口将减少到2.6万人左右。但当地政府一下子制订了要将人口增加到7.5万人的计划，这简直是太不切合实际了。

如果以这样的"自我解读"和"愿望"为基础来累计计算全国的计划，就会出现日本人口在计划上突破2亿人的让人啼笑皆非的事情。而且，这种不切实际的目标设定不是现在才开始的。设定这种野心勃勃的目标，进行盲目开发的结果是，每次地方振兴计划都以失败告终，而债务则留给了制订计划的主体（地方政府）。

正如本书所指出的，越是开展振兴地方经济的事业，负债就会越多，衰退就会加速。那么，为什么会反复发生这样的事情呢？

在地方振兴事业的失败中，"附带条件的预算"等被认为是问题之一。对此，有人批评说，虽然有了资金开展项目，但由于不能自由地使用这笔钱，导致项目发展不顺利。

但是，最重要的问题并不是金钱和附带条件等。原本，传统的"计划行政"方式已经行不通了，但现在还在沿用过去的做法，所以引发了严重的问题。

▶ 起决定性作用的不是"供给",而是"需求"

如果是经济不断上涨的时代,很容易事前制订计划,即使无法按照计划实行,最终得益于不断扩大的经济和财政,事后也能解决问题。在"扩张型社会"中,制订计划的原则是如何迅速、准确、严格地进行供给。需求是理所当然会不断增加的,因此几乎没有必要考虑这个问题。

由政府主导制订基本计划,并严格按照规则在限制乱开发的同时进行城市完善。只有这样做,民间才可以建大楼、开店、建工厂。一言以蔽之,这是一个需求服从供给的时代。

然而在收缩型社会中,情况却发生了逆转。因为需求不足,即使按照规则严格供给,也无法与需求一致。可怕的是,一旦在初期的计划中失败,之后市场需求就会越来越小,几乎无法再生。

正因为如此,计划论的基础就是首先确保需求,然后根据实际需求优化业务规模,这是与以往"完全相反的流程"。这种"供需逆转"极大地改变了地方社会结构的前提。在这样的前提下,有必要重新审视计划。

▶ "计划主义"的三点局限

而且,在未来不明确的收缩型时代,事先制订计划、达成共识、取得成果有"三点局限",必须要分别对应。那么到底有怎样的局限性呢?

● 局限 1：计划阶段，是信息量最少的阶段

计划初期能够得到的信息是有限的。无论做什么事，随着流程的推进，信息量会不断增加，从而做出正确的决定。也就是说，计划阶段，是信息量最少的阶段。

因此，凭借在项目开始阶段得到的信息，"原本就无法制订正确的计划"，所以从一开始就放弃这种计划为好。

应该以在推进项目中获得的信息为基础，不断变更执行的规模和内容。因此，有必要在初期就确定好这种"调整"的时间和标准。为了能够根据情况毫不犹豫地做出撤退的决断，有必要在初期就设定好撤退标准。

以往的计划论所重视的"一贯性"等，是毫无意义的。在制定地方振兴项目目标时，重要的是要列出修正或撤退的条件。例如，不仅要列出目标数字，还要列出几年的工作流程，如果在这个时期没有达成目标就要进行修正或中止。

● 局限 2：以获得预算为目的，计划变得"表面化"

如果为了获得政府预算而制订计划，那么获得预算本身就变成了目的，就会制订"表面化"的计划。

有时，会有人这样辩解，"说到底这只不过是为了获得预算而制订的表面计划"。但制订的这个计划，在之后的数年里会持续束缚这个组织。即使勉强以此为基础获得了补助金和津贴，并以这些资金为基础努力推进地方振兴项目，但结果不言而喻是失败，给地方留下了巨大的祸根。

第4章 资金流向的观察方式 官民合作实现"整个地区"营利

为了防止表面论，必须明确各项事业的责任归属，并在个人或组织可以承担的范围内实行。表面论的横行，是因为自己没有承担责任的意识。在地方振兴项目中，我们必须根据计划明确执行各项事业的责任所在，并在初期在合同中明确决定这些人员或组织在成功或失败时的处理方法。

● **局限3：优先"达成共识"，未来反而变成次要问题**

在制订计划时，经常会出现"必须与当地居民达成共识"这样的说法。如果是扩张型社会，只要赞成就好了，但在收缩型社会中，就需要按照优先顺序来执行。但是，如果直接这么做，就无法达成共识。

现在居住在乡村的居民多是"总体同意，具体问题反对"，事实上很难在具体问题上达成共识。这就是为什么由于过于注重达成共识，而采用了"模棱两可"的计划的原因。

解决方案之一是，决策者由大家达成共识来决定，但各个具体问题则全权委托负责人进行取舍选择。这与代议制民主主义或股份制公司的董事会的做法一样。

举一个案例吧。如今，日本全国各地都在实施一项叫作"改造事业"的项目，将闲置的房屋改造成店铺或招待所。在人口减少的情况下，这对于地方振兴来说是非常重要的举措。

其中，失败的案例采用了传统型计划的方法。这些失败案例都是在有很多人参加的协议会上，制订了"完美的计划"，然后由地方政府在此基础上提供补助金，进行了豪华的改造工程。

另外，成功的案例是在最初的销售活动中根据实际需求修改计划。也就是说，从最初就与入住者签订合同，以他们能够支付的租金为基础，同时为了充分回收投资，确定改造工程的投资规模。项目的资金以民间投融资为主，形成了能确保营利的机制。

例如，在北九州市小仓地区开展的项目中，以北九州市为中心通过产官学合作制定的"小仓天守阁改建方案"，最终只确定了项目概要。其中，个别项目由民间主导，各自明确责任，并由多名房地产业主和建筑师实行。

北九州市，是因产业空洞化等原因导致人口严重减少的大城市之一。通过这一举措，3年间有10栋以上的住宅再生，共计产生了3000人以上的就业岗位，中心区域的交通通行量也转为增加。实际上，这里过去也基于国家的方针努力开展了"中心城区活性化项目"，但并没有取得成果。转变观点，转换成现在的收缩型社会的计划和实践方法之后，成果一下子就显现出来了。

▶ 问题的根本是拘泥于过去的做法

您是怎样认为的呢？地方振兴的失败，问题不在于没有预算或预算少，也不在于外部环境进一步恶化，而在于拘泥于过去的做法。因此，只要采用与收缩型时代相对应的做法，无论在多么困难的环境中，都一定能找到"适合自己的解决方法"。

如果制订了不现实的计划，当计划破产时后果将不堪设想。那时，付出代价的是未来的年轻人和孩子们。

促进地方发展相关的计划，重要的不是"血气方刚的大人们"的愿望，而是即使遇到最坏的状况也能应对的"面向未来的现实主义"，难道不是吗？

无论如何，必须停止盲目制订计划，不要被计划束缚，"明知道不行"却把有限的资金投入到这种计划中去。我们有必要从表面化计划的束缚中摆脱出来，转向即使是项目规模很小也要不断积累成果的方向发展。

03. 故乡纳税

> 有"第二年减半"风险的烈性药
> **停止因税减价，让商品在市场上销售吧**

在谈论振兴地方×资金的话题时，近来不可缺少的主题，就是"故乡纳税"。

"故乡纳税"，原本是指在地方出生长大的人或居住在城市的人，虽然身在城市却向家乡纳税，以此来支持地方的一种税制优惠政策。

但近几年故乡纳税因为"既能享受税制优惠，又能得到地方特产很划算"而人气高涨。例如，如果向五个地方政府各缴纳 1 万日元，合计缴纳 5 万日元的故乡税的话，就可以在扣除 2000 日元捐款手续费的基础上，从居民税和所得税中扣除合计 4.8 万日元的税金，同时还可以得到来自五个地区的回礼，对个人来说是相当划算的。2015 年度的"故乡纳税"约为 1653 亿日元，与上一年度相比增幅较大，约增长了 4.3 倍（图 4-1）。

另外，地方政府为了获得"故乡税"，产生了价值不菲的回礼竞争，日本总务省针对这种脱离税制本质的实际情况发出了警告。如果继续维持现状，对地方来说别说是振兴了，就连产业和财政都有可能产生负面的危险。

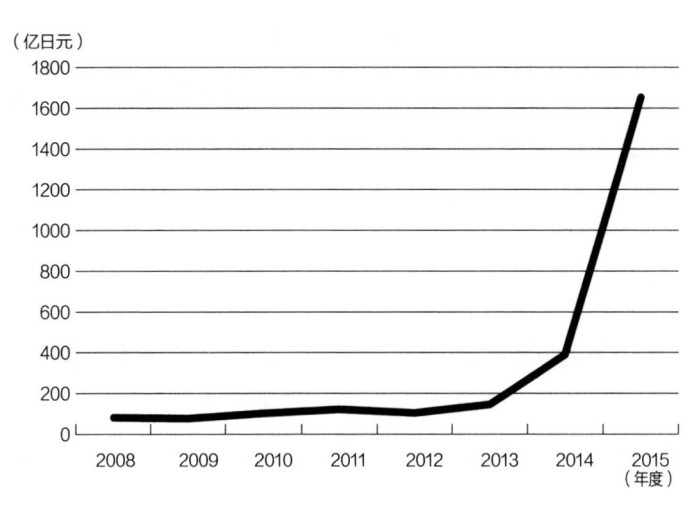

第4章 资金流向的观察方式 官民合作实现"整个地区"营利

（亿日元）

来源：笔者依据日本国税厅资料制成。

图 4-1 故乡纳税

▶ 导致地方衰退的三种隐患

在此，我要指出故乡纳税成为地方衰退原因的三种隐患。

● 隐患 1：依赖税金的地方产品"低价销售"导致的隐患

地方征收故乡税后，地方政府会从指定的当地企业、生产者那里购买作为回礼的当地产品。有的地方政府甚至将纳税额的一半作为回礼财源，大量的地方商品被送到城市。但这并不意味着地方产品的价值得到了正当的认可，市场交易并未扩大。而是活用税收制度，如同免费一样分发地方产品，当地企业出货量增加，城市的地方产品接收方也很高兴。

有些人会说"送地方产品让缴纳故乡税的人试吃试用，下

155

次再让他们购买,这相当于开拓新的客户",但事情并没有那么顺利。因为类似的地方产品很多,所以想让顾客以正常价格多次重复购买已经免费获得的商品,可以说是一项难度极高的赌博行为。

而且,原本以正常价格购买的商品,却像免费一样发放给故乡纳税人,不仅对新顾客,对老顾客也容易产生影响。

如果想通过销售地方产品来激活地方活力,就必须以合理的价格进行销售,积累销售业绩。把税金用于低价销售的促销费用,会削弱地方企业原本的竞争力,产生与补助金相同的加速地方衰退的作用。

● **隐患2:本地产业加速对"地方政府依赖"的隐患**

除此之外,还会产生当地产业越来越依赖地方政府的隐患。

随着地方政府收取的故乡纳税额越来越高,作为"回礼"从当地企业、生产者那里购买的商品总额也越来越大。因为通过税制可以确保财源,所以对于当地企业和生产者来说,这是可以让地方政府集中购买商品的"划算的生意"。地方政府也为了不被其他地方政府所超越,竭尽全力在当地采购优秀的商品作为回礼。

一部分生产者会优先考虑故乡纳税的短期销售额,减少以往批发商的商品数量,以充实回礼生意。每年都有几亿日元的新市场,对于地方的中小企业和生产者来说,绝非是个小数目。

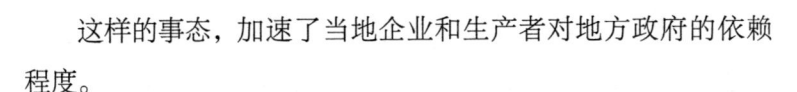

这样的事态，加速了当地企业和生产者对地方政府的依赖程度。

今后，令人担心的是"如何应对变动"。

故乡纳税也存在着竞争。各地方政府的纳税额，未来不可能永远上升。故乡纳税急剧增加也有可能产生反作用，出现起伏。如果故乡纳税减少，很有可能出现原本 500 万日元的回礼销售额，到第二年下降到 50 万日元。当发生这种变动时，对当地的企业和生产者来说，都会带来不小的冲击，也会成为左右经营的重要因素。

● 隐患 3：纳税增加=税收扩大的地方政府财政的隐患

原本地方政府从当地获得的税收很少，因此作为独立财源的"故乡纳税"带来的税收增加是极具吸引力的。现在，有些地方政府征集到的故乡税金额甚至超过了当地的税收，因此其他地方政府会紧随其后跃跃欲试。而且，由于故乡税财源的一半用于购买当地企业、生产者的产品作为回礼，在政策上也容易得到当地的支持。因此，地方政府为了获得故乡税而展开了激烈的竞争。

但问题是，地方一旦获得了故乡税，就会直接陷入"如何使用这笔预算"的问题。尽管这是暂时性的税金收入，然而地方政府却设立了每年都需要投入预算的居民服务类（福利、医疗、交通、活性化活动等）项目，以增加支出获得人口为目标的"服务大战"也日趋白热化。

正如我在补助金问题上所指出，如果进行与以往相同的

"花光预算"的竞争的话，那么故乡税即使到了地方，也不能激活地方。不仅如此，在人口收缩型社会到来之时，反而会加速地方的衰退。

像这样，在税制优惠的基础上，通过低价销售地方产品获得的金额进行竞争，通过谁都能做的统一竞争模式来实现税收的暂时性增长，尽管能够让地方产品流通起来，但副作用更大。政府应尽早修改纳税额的回礼比例，设定各企业、生产者的采购总额上限，并将纳税财源用于地方政府的精简化管理等。

▶ 不打"低价大战"，而是开展"创造价值的竞争"

原本地方要想创造并维持独特的魅力，需要的不是"短期内获得的金钱"，而是拥有自己价值观的"持续的营利机制"。

虽然，有一些地方政府以自身地区愿景为基础，将补助金活用为项目企划的资金筹措方法，但毕竟还是少数。今后，企业必须根据山区、离岛和一定规模的地方城市各自的资源状况，推出对纳税人、居民和本地企业都有利的新项目企划。只要是以地方振兴为目标，就不能只获得预算、用完预算就结束了，而必须构建能够切实扩大收支的"项目"。

我们不要忘记，如果不用自己的头脑思考，而完全按照国家制定的制度来做同样的事情，其结果是，尽管耗费了大量的税金，但地方还是会走向衰退。也就是说，"故乡纳税，如果也做了同样的事情，怎么办呢？"

每个人都可以选择一部分纳税地点，这有利于构建基于多

第4章 资金流向的观察方式 官民合作实现"整个地区"营利

样化价值观的成熟社会。正因为如此,选择型捐款制度绝不能以回礼引诱、或被引诱的这种肤浅的方式进行。

此外,无论在哪个时代,都有不少人误认为只要暂时性收入增加,"地区就复苏了"。

但这种暂时性的收入增加,在政府的补正预算中一直以来都很常见。正如大家所知,这并没有解决地方存在的问题。反而是有不少被重点分配预算的示范地区等,出现了严重的失败。

如上所述,除了当地活性化带来的税收增加,其他暂时性收入增加会使地方政府的经营变质。此外,依靠回礼导致的当地经济对政府开支的依赖也会侵蚀经济。

像这样,越是在故乡纳税中活跃的地方政府,越会给地方财政带来很大的变化。因此,我们不得不担心这一做法会给将来带来副作用。在地区活性化中对资金理解的问题是,有很多人无法区分通过变革结构赚取的,和只是免费得到的暂时性金钱的区别,结果大家都为了快速拿到的钱而奔波。

只看故乡纳税这一项,就暴露出了这样的问题。

04. 江户时代的地方振兴

> 为什么连 200 年前做过的事情都做不到呢？

将江户的智慧活用于地方振兴和财政重建

不仅仅是现代，即使追溯到江户时代也存在着地区活性化的问题。并且，在过去曾经有效的解决问题的方法，在现代仍然有不少富有启示。特别是江户时代的地方诸藩经济独立，衰退对于他们而言是生死存亡的问题。而且，当时不仅没有像现代这样可以从国家拨款的再分配制度，甚至诸藩还必须向幕府上缴年贡，情况比现在更加严峻。

在这种情况下，有人在改善衰退的农村和濒临破产的藩财政方面取得了突出的成果。他的名字叫二宫金次郎（尊德，1787—1856 年）。事实上，他是江户时代后期到江户时代末期认真思考地方振兴的先驱者。

▶ 金次郎，拯救了 600 个农村的地方再生专家

提到江户时代，大家会有怎样的印象呢？实际上，虽然前期人口急剧增加，但江户中期以后，日本全国的人口基本持平。虽然有地域差异，但在江户时代后期，由于发生饥荒等，苦恼于人口减少的地区越来越多（表 4-1）。

第4章 资金流向的观察方式 官民合作实现"整个地区"营利

表 4-1 各地区的人口变化（1721—1846 年）

江户时代中期到末期，有五个地区人口减少。 人口减少最严重的北关东地区，每年减少 1% 以上。			
地区	人口变化率（%）	地区	人口变化率（%）
陆奥（东奥羽）	-18.1	京都周边	-5.1
出羽（西奥羽）	4.0	山阴	23.6
北关东	-27.9	山阳	20.2
南关东	-5.2	四国	26.8
北陆	17.6	北九州	6.8
东山	13.2	南九州	23.6
东海	10.5		
京都	-11.2	合计	3

来源：作者根据速水融等编著的《历史人口学的开拓者》（东洋经济新报社）制成。

其中，据相关资料记载，相当于现在北关东的地区人口急剧减少，17世纪到18世纪初期，人口从仅有70万人左右激增到220万人左右之后，到19世纪减少到约160万人。

二宫金次郎在振兴位于北关东地区的、穷困潦倒的下野国·樱町领地（后为栃木县二宫町，现并入真冈市）上，取得了显著业绩。

金次郎出生于现在的神奈川县小田原市。当他还是个农民时，就显露出过人的才能。在小田原藩的家臣之长·服部家作为武家仆役工作时，他重整了服部家的财政，受到了小田原藩主大久保忠真的赏识。下野的樱町领地是藩主的旁支领地，大久保忠真将此领地的复兴重任交给了金次郎。大获成功的金次郎此后被起用为幕臣，负责德川家非常重要的日光地区的再生项目。

提到二宫金次郎，在我所接受的教育中，他的雕像被放在小学校园的某个角落，背着柴火边走边读书，是"勤勉与勤劳"的象征。想必很多人也是同样的印象吧。

但事实上他并不像父母所教导我们的那样，单纯为了"砍柴"去背柴火。

"那座雕像"，是他自己用很便宜的价钱租了一座山，砍下木头，将其作为当时"重要燃料"的"柴火"在城镇里销售，展现了他努力推进能源事业的姿态。而且，他还是一位企业家，他以赚来的钱为资本，通过向人们提供低息贷款以维持生活的方式创办了金融事业。

并且，他以这些项目经验为基础使苦于贫困的地方再生，也就是现代所说的，作为"地方再生专家"大显身手。

▶ 振兴的第一步，是使地方收支扭亏为盈

究其原因，为什么地方会陷入贫困呢？古往今来，本质都没有改变。地方之所以贫困，是因为政府和民间的各种项目的收支都出现了赤字。

赤字所带来的负面影响，不仅仅局限于实际生活贫困、负债累累。还在于人们在对未来不抱希望的生活中，身心俱疲。

因此，他将长期亏损的状况转变为营利，作为再生的第一步。

简单地说，出现赤字是因为支出大于收入。

第4章 资金流向的观察方式 官民合作实现"整个地区"营利

江户时代后期，与现在日本的状况相似。在人口减少的同时，有很多地区幕府财政、诸藩财政出现了赤字。他认为，无论是幕府还是诸藩，即现在所说的行政部门还是民间，亦或是农村还是城市，都没有区别，都应该保持收支盈余。

二宫金次郎将这一做法叫作"分度"。简而言之，就是根据收入决定支出，形成盈余体制。

他在制订地方重建计划时，为了增加收入，从没有营利的各种资产中获取微薄的收入，彻底地推行"营业活动"。

例如，就连院子里梅树结的果实，他也让人去卖。他将仓库里储备的大米，根据大坂、堂岛的市场行情高价出售。并且，让家仆们把后山的树砍下来，作为柴火贩卖。这些收入基本上都归家仆所有，以激发他们努力工作赚钱的动机。

另外，削减"过度使用"的预算，使其达到与收入相匹配的规模。

例如，在当时，柴火、菜籽油（灯油）等燃料费绝不是一笔小数目。虽然现在这些东西的价格下降了，但那个年代与现在为汽油费和煤油费而苦恼的家庭收支一样。把粘在锅底的煤灰弄掉就能节省燃料费，于是他想出了这样一个好办法。他对负责做饭的家仆说："把锅底的煤灰弄干净积攒到1升，我就用2文钱收购。"

像这样，不仅要削减经费，还要给出具体的方法。对于因燃料费减少而节省的经费，二宫尊德以此为资本用于提升员工的工作动机，让负责煮饭的家仆们更积极地努力"搓煤灰"。

这是令人惊叹的"智慧"。

163

"新增利润"与"削减经费"。在这两方面调动大家的积极性，通过微小的日积月累，实现财政、项目的盈余。

在人口减少、生产力不断下降的情况下，如果还像以前那样大手大脚地花钱，无论有多少钱都不够用。首先必须设定符合自己能力的目标。而且，要明确实现这一目标的具体的方法，必须要让大家积极主动地去做。

为了让自己绞尽脑汁想出各种"好主意"，就要制定严守收支的目标"分度"。

▶ 用地方集资的金融资金，投资再生项目

事实上，二宫金次郎不仅仅守护了收支，他还利用金融的力量让民众富裕起来，促进了地方的发展。例如，为了解决人们从外地的高利贷者处借款却无力偿还的状况，他转而为当地的人们提供低利息贷款。

不仅如此，接下来才是他真正的目的。

他与贷款的人们一起制订"转借债务"的偿还计划，让他们树立明确的目标，从而恢复生产积极性。然后，等债务完全还清后，以他们拥有赚钱的能力为基础，再让其追加缴纳一年的钱组成基金。基金的钱，在其他有困难的人或者将来自己有困难的时候，作为低息贷款的原始资金来使用。这种方法被称为"推让"。

如前文所述，让家仆在后山贩卖柴火等，大家通过遵守"分度"赚取金钱。对于剩余的钱，他教导人们说："如果大家把钱都用光了，那这钱就没有了。"

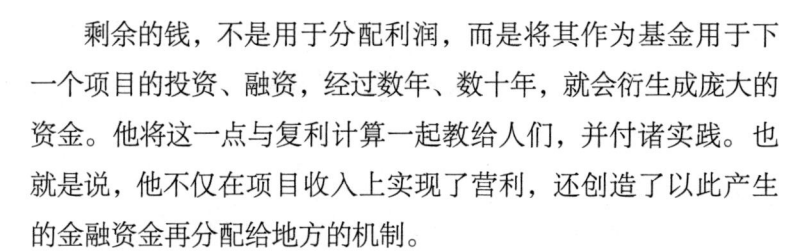

剩余的钱，不是用于分配利润，而是将其作为基金用于下一个项目的投资、融资，经过数年、数十年，就会衍生成庞大的资金。他将这一点与复利计算一起教给人们，并付诸实践。也就是说，他不仅在项目收入上实现了营利，还创造了以此产生的金融资金再分配给地方的机制。

一旦借贷，债务在复利下会像滚雪球一样越滚越大，让人痛苦不堪。但是，反过来站在经营的角度，钱会生钱。他告诉我们，如果方法运用得当，这不仅能拯救人们，还能让人们变得更加富裕。

▶ 加快构建收支营利化与地方金融的结构

在思考地方振兴项目或地方自立的问题上，正如二宫金次郎所采取的措施，我们可以从体系化的《报德仕法》中学习很多经验。

现在的地方也同样如此。行政、企业、家庭收支都需要"分度"，需要认真思考赚钱的方法，并在节约成本的方法上下功夫，考验人们实现营利的智慧。然而，没完没了地负债，即使得到了中央的扶持金，也只是靠赤字项目坐吃山空，离地方振兴相去甚远。当今，日本地方的现况是，利息支付增加，资金以复利的方式从地方流出。

正因为如此，对于地方的项目而言，使用地区内资金来运转的金融智慧是不可或缺的。

如果通过个别项目获得了良好的利润，自然能够借到钱。用地区内所有人共同出资的基金，向区域内的一个个的项目出借资金，利用项目的盈余支付利息，这样一来地区内的人们就能获得利息收入。这与单纯从中央拿钱坐吃山空相比，几年后就可以用复利将钱运转起来。与现在的严峻的状况相比，事态完全发生了逆转。

如何才能在地方构建这种既简单又具有原则性的环境呢？在当今日本，在地方上开展各种各样的项目。我认为，从过去学习经验，从这一视角重新评价现代的项目，其意义也会发生变化。

将二宫金次郎留下的智慧与现代的问题相对比，就能看到地方振兴应有的姿态。不要什么都借鉴海外的振兴案例，在江户时代末期日本农村地区应对人口缩小问题的再生方法中，也有很多值得学习的地方。

而且，二宫金次郎还将这一方法体系化，写成《报德仕法》一书，并留下了各种关于他的项目案例的书籍。

为什么在江户时代产生的正视"赚钱"的地区活性化政策，在现代却无法实施呢？我认为不是做不到，可能只是单纯地没有去做。认真反省近几年的失败，学习和借鉴其他国家正视城市收缩问题或城市中心衰退问题上取得成果的方法，同时也学习过去日本通过实践取得成果的方法，就没有不能解决的问题。现在最需要的，不是逃避资金问题，而是要认真面对资金问题以促进地方发展。

在地方振兴的方法中，存在着共通的思考和技巧。日本曾经经历过的应对人口减少的再生方法，还有很多值得我们学习的地方。

第4章
资金流向的观察方法 危险度 检查表

01
- ☐ 认为有补助金，就能提高项目的成功率
- ☐ 认为如果不承担风险，大家都会创业并取得成功
- ☐ 认为使用税金，就不能获取高额的利润
- ☐ 认为因为补助金太少，地方才会衰退
- ▶ 创造"盈利→投资→再盈利→再投资"的良性循环吧

02
- ☐ 认为制订计划，必须尊重地区内的逻辑
- ☐ 尽管内心认为"这不行"，却继续努力推进
- ☐ 认为不能改变当初的计划
- ☐ 认为在振兴地方的计划中，不能只写与钱有关的事情
- ☐ 认为最初就考虑最坏的情况是不吉利的
- ▶ 构建即使陷入"最坏的事态"也能应对的体制吧

03
- ☐ 认为只要在回礼竞争中获胜，增加故乡纳税，就能振兴地方
- ☐ 认为好不容易征集来的税收，应该尽早使用
- ☐ 认为地方商品，应该以行政为主体开展商业活动
- ☐ 认为通过故乡纳税销售本地产品，企业的竞争力就会提高
- ☐ 认为如果让顾客试吃回礼的产品，第二次应该会以正常价购买
- ▶ 摆脱"低价大战"，以市场的合理价格销售吧

04
- ☐ 赤字体制常态化
- ☐ 认为得到的钱比借到的钱，更有利于地方项目
- ☐ 没有重新评估地方经费
- ☐ 不太了解什么是"金融"
- ☐ 不了解资产负债表、利润表等
- ▶ 彻底执行"新增利润"与"削减经费"吧

第 5 章

有效利用组织的方式

最大限度地提升"个体的力量"

第5章　有效利用组织的方式　最大限度地提升"个体的力量"

在推进地方活性化的过程中，存在着三个壁垒。

第一个是"项目的壁垒"。把整个地区看作一个公司，以横跨行政和民间的角度出发，必须创造出营利的项目。这是民间需要主要突破的壁垒。

第二个是"制度的壁垒"。地方振兴最重要的是"在其他地方无法做到的事情，在当地实现了"，因此通常有必要放宽法律、制度等限制。这是行政部门需要主攻突破的壁垒。

最后一个，也是最大的壁垒，是"组织的壁垒"。这不限于政府与民间，是在所有地方都存在的壁垒。与项目和制度不同，组织是个人的集合体，是极其个人的、情绪化的，因为与每个人的生活和尊严直接相关，所以很难打破。

因此，很多能够切实取得成果的项目，不是在"改变现有的组织"上花费精力，而是通过"建立新的组织"来突破这一壁垒。

组织的对策需要"进攻"和"防守"两个方面。

为了引领新的挑战，建立"进攻型"的组织是很重要的。为此，建立新的组织，召集合适的人才来开展项目更为有效。例如，我在熊本市中心商业街区域，与当地的伙伴一起开创项目时，并没有利用商业街振兴工会、商工会议所、中心城区活性化协议会等现有的组织,而是用自己的资金设立了新的名为熊本城东管理公司的公司,并以此作为开端。此外,通过"能获利的公民合作"取得成果的紫波町,成立了叫作OGAL紫波的新公司。而且它们没有使用政府津贴或补助金作为财源,而是采用了与以往截然不同的手法,由当地金融机构筹措资金。

另外,在地方的项目中,明明不负担资金也不配合项目,却有很多重要干部装腔作势毫无意义地发表意见。为了解决这些问题,需要采取"防守"的组织对策。熊本城东管理公司成立之初,成立了协议会组织,虽然会召集行政、大学、商业街、NPO组织等部门的相关人员开会讨论,但公司经营的决策权只由股东和管理人员4人共同执行。紫波町的项目也同样采取了"防守"对策。它们召集小镇居民召开名为"设计会议"的开放式会议,在现场向居民征集意见,由专家回答提案的优点和缺点,并加以解决。

说到底,在改变组织上耗费力气的做法是毫无意义的。我们要斩断过去的常识与习惯,适当地建立新的组织,加强防守来自原有组织的压力。借由这种方式,打造具有地方竞争力的项目才是最重要的。

01. 撤退战略

> 没有将绝对必要的事情纳入计划的原因

谈论能够连接未来的积极的"中止与撤退"

组织遭受重大失败的时刻,并不是挑战失败的时刻。不如说是,项目明明已经有了失败的预兆,却置之不理"不撤退时",组织会遭受重大的失败。

说到底,谁都不可能从一开始就100%成功。偶尔可能也会成功,但99%会失败。一旦察觉到失败的预兆,就做出大幅度的改变,或者干脆退出该项目,挑战其他项目,在这样反复的过程中就会成功。如果真的想要成功,就不会做按照最初的计划坚持到最后的愚蠢的事情。

但组织有时也会满不在乎地做出一些不按常理出牌的事情。组织最重要的课题是按照最初的计划推进项目,即使发现"无法按计划进行",也会对此置之不理。而且即使损失越来越大,失败越来越严重,也会想办法蒙混过关。结果,当回过神时,往往会遭受意想不到的重大损失。

更何况,在地方振兴项目的基本计划中,可以说几乎没有记载项目失败时撤退战略的相关内容。真的是完全没有这部分内容。

在此,将阐述组织决策时所必需的"撤退战略"。

▶ 自计划的初期阶段开始，责任的所属就不明确

所谓撤退战略，是指要在项目计划中加上在什么情况下项目中止或撤销，如"某项事业若不满足这一条件就中止，或达不到当初设定的某一水平就得撤退"。然而，在搞活地方项目的基本计划中，完全没有这一项。

观察地方政府开展的项目，就会发现"最初以搞活地方为目的而创立的项目，但在项目实施中途发现进展不顺利，事实上已经失败了"，这样的案例不胜枚举。

但是，在大多数情况下，由于害怕明确责任所在，所以会无计划地继续投入资金。事后回过神来一看，巨额资金白白流失。于是，被认为是"促进地方发展的起爆剂"等被寄予厚望的项目，却在完全不同的意义上引爆，这种令人啼笑皆非的事情在日本各地随处可见。

从经营的角度看地方活性化项目时，在"如何取得成功"之前，有必要事前决定"失败的时机，'在适当的时机，在未形成致命伤之前就撤退'的策略"，不言而喻这是十分重要的。其原因在于，地方比企业更需要正视"持续经营"（Going Concern），这是地方经营的基础。

▶ 未设定撤退战略时的"两种风险"

如果不考虑这样的问题，地方公共团体的首长①以获得暂时

---

① 原泛指团体、组织的首领，现多指地方公共团体的首领。——译者注

第 5 章　有效利用组织的方式　最大限度地提升"个体的力量"

性的关注为目的，接连不断地夸下海口要实施豪华的项目，如果在没有设定撤退战略的情况下贸然推进的话，之后地区就会变得非常糟糕。

为了让大家牢记这一点，让我们来整理思考一下吧。在项目计划中，不设定撤退战略（撤退线设定）的问题点，大致有以下两点风险。

● 风险 1：失败时，蒙受的损失更严重

首先第一点是，"失败时，蒙受的损失会更严重"的问题。

当情况明显恶化时，如果没有撤退战略，就不能客观地讨论"撤退时机已经临近"这一最基本的问题。

当情况恶化时，由于相关人员无论如何都不愿意承认失败，所以撤退的决断往往会被推迟。结果，原本是以营利为目标的项目，为了逃避责任就会拖延不断，用其他预算来填补产生的亏损部分。这样做，不仅不能振兴地方，反而会造成亏损，没有给地方带来任何效果，反而会"加速衰退"。

● 风险 2：无法设定撤退的组织，项目更脆弱

另一个，是无法最初进行撤退设定的项目容易失败的问题。

如果在项目的初期阶段讨论撤退设定，就会有人说"这不吉利""不要一开始就讨论失败"等。在项目运行初期设定撤退战略并不是说让项目"失败吧！"，但有时会演变成项目从一开始就只能谈论成功的论调。

175

被任命负责项目的团队，若在项目的最初阶段，不能轻松自如地讨论撤退设定时，那意味着他们可能坚信自己是很特别的而轻视竞争等，无法客观、冷静地讨论和判断。

当然，他们所努力推进的项目也很容易独断专行，或者容易流于"走形式、走程序"。演变成不能为了获得成功而进行必须的改善，例如，正视实际情况，灵活地改变当初的计划。

项目的成败，不在于盲目的进攻，或是按部就班的"形式上的一贯性"，而在于应对随时变化的状况的灵活性。因此，无法谈论撤退等话题的状况本身，就是给推进这一项目的团队的巨大的"危险信号"。

▶ 逃避失败的责任，则"今后付出的代价"更加昂贵

在地方活性化方面，政府制订宏大的计划，投入巨额税金，开发公共设施或商业设施，重新完善公共交通网，举办活动等。

但如果这些项目完全无法取得预期的成果，而且经济上也无法独立，如果总是持续依赖政府财源，活性化项目就会变成政府的财政负担。

像这种"今后付出的代价更加昂贵"的反面案例，在日本全国各地比比皆是。

本书中提到的青森市的"AUGA"，不仅是在项目计划阶段就存在问题。而且尽管项目已经失败了，却没有提出根本性的解决方法。结果，虽然在事实上已经判明设施经营失败，但地方政府仍继续进行临时性的援助，自设施建成到现在投入的预

第5章 有效利用组织的方式 最大限度地提升"个体的力量"

算合计超过了 200 亿日元。这项设施最初开发费用为 180 亿日元，然而"为了弥补失败"，已经花费了超出开发费用的预算。

山梨县南阿尔卑斯市的六次产业化设施"完熟农园"也是一样，在项目启动阶段由市政府投资了约 8 亿日元。开业后仅三个月，就出现资金短缺，陷入了经营危机。当时，没有采取根本性的经营评估，而是由地方政府临时进行了 5000 万日元的紧急融资。但开业后不到 1 年就陷入了破产的困境，无法收回投入的资金。

除此之外，类似的案例数不胜数。例如冈山县津山市的 ARUNE 津山、山梨县甲府市的 KOKORI、福冈县北九州市的 COM CITY 等。也就是说，这些项目不仅出现了问题，而且在出现问题后，以"临时修补"的方式逃避责任，之后付出的代价更加昂贵。一旦发现项目失败，就应该迅速清算负债，暂时退出，从根本上重新审视工作方法。但由于这很难做到，所以导致问题越来越严重。

像这样，如果不从一开始就设定地方活性化项目的撤退条件，一旦项目破产就会引发责任问题，相关人员都想蒙混过关。结果，即便有重建计划等，但大多数情况下，也不能起到完全根治的作用。在项目中不断地逐次投入小额预算，反复采用这种"敷衍了事"的做法，等回过神来才发现已经造成了巨大的损失。

而且，在这一过程中，项目负责人等也会更换，有时市长等高层领导也会由于选举更换，责任问题也会被推到别处。被委任负责部分项目的民间业者也都好像变了一个人，说"我们只是受到政府委托工作而已"。结果，这种不幸的地方振兴项目由于缺乏承担责任的人，谁都无法做出撤退的决定，在惰性的驱使下继续推进。

那么，应该怎么办才好呢？通常，一旦超过"一定的限度"，就有必要放弃过去的投资，就当"这是沉没成本（打水漂）"。如果不先将一切归零，即使进行经营援助等也没有效果。失败后谁也无法决定是否撤退的项目，会持续不断地从当地掠夺人力、物力、财力。

因此，必须在最初就确定撤退条件。这不是由某个人在某个时刻决定，而是必须按照一定的规则来确定。如果以个人决策的形式开展项目，在初期没有决定撤退的必要条件，如前所述，地方公共团体的首长和负责人都想"至少要在自己的任期内逃避责任"，因此很容易投入大量的无用的资金。

现在，虽然地方振兴也提倡要设定 KPI（关键绩效指标），通过 PDCA［Plan（计划）、Do（执行）、Check（检查）、Act（处理）］循环的项目管理模式进行检验等，但更重要的是撤退战略。

从最初就明确规定低于目标多少就要中止项目，并认真地执行，这是一切的基础。必须停止在危急时刻会有人替我们做决定的这种一厢情愿的想法。特别是在收缩型社会的背景下，一个失误就有可能成为地方的致命伤。

▶ **撤退战略，是"连接未来的积极的做法"**

我们在地方与同伴一起创立项目时，会在最初就确定时间轴和资金轴的大致轮廓。例如"如果超过这个时间还无法开展事业的话，就中止""如果损失超过这个金额的话，就中止"，等等。

事先决定好了，万一遇到需要撤退的情况，就可以毫不犹豫地说："到了这地步，重新考虑一下吧。"否则，就会陷入"再努力一下吧"，或者"再少投资一些就会有办法"等是否及时止损的争论中。

在地方振兴项目中最重要的是，在取得成功的同时不要出现大的失败。如果出现重大失败，则再次创业就会变得十分困难。地方的项目，常常取决于"能重复进行多少次挑战与失败"。

挑战，若形势严峻就暂时收手，改变做法再尝试重新挑战。为了能够持续"挑战"，就不能出现重大失败。在项目初期谈论撤退条件，绝不是消极的，而是连接未来的积极的做法。

02. 顾问公司

> 蚕食地方的人们

贯彻自己思考、自己行动的"自我主义"吧

如前所述，纵观整个项目，撤退战略的重要性毋庸置疑，但这样的计划非常罕见。为什么呢？

原因之一是，制订计划的不是执行计划的人，而是将制订计划本身完全外包给顾问公司。

也就是说，让顾问公司制订计划，而实践计划的却是其他人。这样一来，顾问公司的工作，不是通过实践取得成果，而是"制订计划"本身。委托的地区会提出"希望制订按照计划进行就能成功的计划"之类无理的要求，顾问也为了避免在最初阶段因提及"失败时的事"而导致合同终止，因此不会将"变更条件"和"撤退条件"之类的加到计划中。

像这样，把"制订计划"的任务交给不承担结果责任的外部人员，是导致失败的原因之一。

更有甚者，被地方政府一方认为是"专家"的顾问，很多都没有自己承担风险在当地创业的经历，只是"熟知促进地方发展相关知识的人"。就好像并不是说拥有丰富的汽车知识的人就能造出汽车一样，让没有实际创业经验的人制订计划，并不能

保证项目顺利进行。并且，委托方也由于经验不足，没有识别能力，单凭公司名称等进行判断就委托其制订计划了。像这样由于双方的需求完全不匹配，别说撤退战略了，就连最初的计划也有很多欠斟酌。

这里，我们要探讨曲解组织决策的"徒有虚名的顾问"的问题。

▶ 地方振兴产生的"顾问热潮"

现在，关于地方振兴，日本政府制订了《城镇、人口、工作振兴综合战略》基本计划，日本全国的都道府县和市町村以此为基础，各自制定具体的政策，并付诸实施。

为制定这一战略，地方政府投入了大量的预算，约1800个地方政府"疯狂的外包计划"，导致顾问公司出现人手不足。

一提到地方政府活性化领域的业务，唉，可以说所有业务都外包给了被称为顾问的"人"或"公司"。例如，基础设施开发有顾问的参与，商品开发也委托顾问，委员会的事务局也由顾问负责。

但从现状可以看出，正因为采取了这样的做法，地方才会持续衰退。如果不自己思考"地方未来的发展方向"，将工作全权委托给顾问，就无法期待会取得"成果"。

▶ 顾问对成功地方的"搭乘便车"的问题

那么，为什么即使将项目计划的制订外包给顾问，也无法使地方再生呢？

在促进地方发展的领域，不仅是政府官员，顾问公司也会以"考察"的名义拜访第一线。因地方振兴而备受关注的地方，来考察的人蜂拥而至，说"请教教我们该如何做吧"。

其实，国家与地方政府为了促进地方发展，在日本全国各地进行招标（通过项目展示进行竞争）。令人吃惊的是，有些顾问在中标后，才首次前往其他成功地方考察，向他们请教地方振兴的做法。这件事本身就很奇怪。相当于他们自告奋勇地承担了自己不懂的业务。

而且来考察的顾问，经常会有很多人甚至不具备地方振兴最基本的知识。而且几乎没人有自己冒险投资在地方创业的经验。这些顾问明明自己没有实践经验，也不了解该怎么做，却"因为是工作所以才去做"，这样如何才能让地方起死回生呢？

问题还不止于此。顾问从地方政府那里得到了相当数额的顾问委托费，却只给现场执行人员支付少量的酬金，甚至有时分文不付。越是大型顾问公司，越是会满不在乎地"搭乘便车"，蚕食成功地方的资源。

有些性质恶劣的顾问，还挪用成功地方提供的资料，向其他地区推销，问要不要做和成功地方一样的项目。甚至还有人谎称，"其实那个项目是我做的"。

在地方拥有创业才能的人，从一开始就会自己行动。而不会在接受项目委托后再去考察。可以说，在将工作委托给这种"徒有虚名的顾问"时，项目的失败就不是偶然而是必然的了。

第5章　有效利用组织的方式　最大限度地提升"个体的力量"

▶ 对成功案例的"拙劣复制"导致地方衰退

说起来，就连成功地方的当事人，都不认为照搬本地的做法能够在"日本全国所有地区"通用。更何况，仅仅通过阅读一些资料，访谈 1~2 小时，就能让其他的顾问复制这一成功，简直是天方夜谭。

然而，在地方振兴领域，却存在着补助金这只"幕后的手"。

即使是"剽窃"级别的糟糕的项目企划，通过使用补助金，也能做出看似很棒的"伪"计划。

当然，可悲的是，假的终究是假的。即使使用预算开发与成功地方类似的商品，实际上几乎也卖不出去。即使开发类似的设施，也有不少设施陷入经营危机。

这是因为他们没有理解，项目重要的不是"外表"而是"过程"，看不见的机制才是最重要的。

结果，依靠补助金做成了与成功地方相似却又不同的"拙劣的复制"项目，失败后成为负面资产，自然会加剧地方衰退。现状是，到处都有这种性质恶劣的顾问。

▶ 委托顾问公司时，就形同失败的"三个原因"

如前所述，存在着性质恶劣的顾问的问题，但问题不止于此。即使顾问的品质并不恶劣，但若将项目计划制订交给顾问，就会因为以下三个原因产生阻碍，地方的项目无法取得成果。

● **原因 1：供需不一致=需要的不是客观的建议而是主体的实践**

要振兴一个地方，需要的不是客观的建议，而是为了解决问题，主体出谋划策并付诸实践。即使获得了再正确的建议，如果没有能够执行的团队，也徒劳无益。

也就是说，非项目主体人士从旁客观地提出建议，不仅对当地的项目没有帮助，反而会妨碍实践。对于地方的项目来说，重要的不是客观的分析，而是基于主观的决断和实践。

地方所需要的，与顾问公司能够提供的需求，是不一致的。

● **原因 2：缺乏主体性=地方政府的基本姿态是"依靠外力"**

把计划和项目委托给顾问公司的地方，也存在问题。

有些人误以为"只要交给熟悉业务的人，不懂的问题就能迎刃而解，或者就能将纷繁复杂的事情整理好，向前推进"。可以说这种依靠他人外力的态度本身，就是地方衰退的原因之一。

哪怕是当地几个小规模的团队也好，如果不能痛下决心为了创立项目而共同出资进行必要的实践，克服各种各样的障碍，无论雇佣多么优秀的顾问，也无济于事。

● **原因 3：责任不明确=因为使用了税金，所以"结果三流"也没关系**

顾问只负责制订计划与执行业务，因此即使在被委派的范围内完成业务，也不必对结果负责。

第 5 章　有效利用组织的方式　最大限度地提升"个体的力量"

顾问会按照流程认真地完成被委托的工作，在这一点上是一流的。尽管他们按照流程认真执行了，但从地方活性化的意义上看，结果却是三流的。

民间企业，如果不取得成果，最坏的情况是会破产。但由于顾问依赖的财源大多是"税金"，因此谁也不会被追究责任。那些遵循制度、经常造访当地、灵活变通的顾问，反而更受欢迎。至于是否能取得成果，反而成了"次要问题"。

▶ **用自己思考、自己行动的"自我主义"改变地方**

那么，是否有不将项目完全抛给顾问公司，自己承担责任成功振兴地方的案例呢？当然有。那就是在第 2 章曾经介绍过的，岩手县紫波町的"OGAL"。紫波町的公民合作基本计划和 PFI（Private Finance Initiative；民间融资提案）示范书，是由地方政府职员自己调查、自己思考制订的。

即使不擅长制订计划也没有关系，职员们只要深思熟虑，独自制订了计划，就会因为这是自己精心制订的计划而全力以赴地执行。

我本人也同样如此。在与同伴在地方创业时，从最开始就没有聘请顾问制订计划。虽然很多事情不太懂，但我们以当地的情况为基础进行思考，拿出有限的资金进行投资，创立项目，并努力让自己的项目能够持续下去。

我认为无论是当地的行政部门还是民间，都不应该把工作委托给顾问公司，而应该用自己的头脑进行思考和实践，这才是振兴地方的根本。必要的专家，可以在关键时刻请他们给予帮助，而不是将最根本的计划和业务全权委托给他们。

在地方振兴方面，应该试着改掉任何事情都依赖顾问的习惯。如果各地都决定"自己思考，自己行动"的话，城镇就会以各自的方式，蕴藏着微小但持续发展的可能性。

03. 达成共识

> 蚕食地方的"集体决策"的魔咒
> **与不负责任的 100 个人相比，
> 更重视一个行动者的觉悟吧**

在地方活性化领域，为什么会做出错误的决定呢？

其原因之一，就是过于重视通过大家讨论"达成共识"。在市公所等政府机关，大家都认为讨论很重要，全员同意很重要，但即使大家讨论并全部同意了，也不能保证项目会成功。

倒不如说，集体决策有时会酿成大错这一点，更为人们所熟知。

但不知为什么，在学校我们没有学到过关于"集体决策的功与过"中的"过"的部分。在班会上，会说"大家一起讨论吧"，但事后不会说明"大家一起讨论了还失败的原因"。

明明是通过有组织的方式大家集思广益，花费大量时间达成的共识，为何会做出荒唐的决定呢？

本节，将对这种"集体决策的陷阱"进行讲解。

▶ "不被反对"，对项目成功重要吗

在促进地方发展的领域中，很多相关人士都认为课题之一是，"必须在地方达成共识，但却难以达成"。

实际上，我经常会遇到类似"无法取得全体相关人员的共识""怎样才能不被反对"这样的咨询。地方真正需要的，应该是"如何激活地方活力"的具体的做法。然而，比起具体的激活地方的方法，更多的人只注重达成共识。

其实我认为，在改变事物的结构时，要让大家事先都对新的结构达成共识，这件事本身是"天方夜谭"。如果过于相信无论如何"要让大家达成共识"，那么项目将无法推进。

我认为这里可能存在着"必须让大家达成共识"的，这种类似于强迫观念的想法。人们大多认为无论什么事情都听取、反映大家的意见是一件"好事"。

那么，只要大家达成共识，项目就能成功吗？遗憾的是，正如读者朋友们所意识到的，"事情并非如此"。

原本，要让衰退的地方创造"新的活力"，就需要"新陈代谢"。在旧事物被新事物取代的过程中，很多时候在一部分人看来新的举措在短期内是不利的。

▶ 不要因为"不合情理的反对意见"而退缩

在地方的项目中，经常会遭到不合情理的反对。

让我来介绍一下创立熊本城东管理公司时的经验吧。公司的第一个项目是联合当地的 15 栋大楼的小商户，共同签订垃圾清运、物业维护和管理的合同，具体来说是削减垃圾处理费。

将民间企业联合在一起，共同签订能够适当削减成本的合同是极其合理的事情，对于垃圾处理公司来说，也比分别与各个大楼签约更为有利。

第 5 章　有效利用组织的方式　最大限度地提升"个体的力量"

然而，某经济团体的董事对此表示反对，理由是"让本地企业进行竞争，太不像话了"。我很惊讶，日本难道不是自由的资本主义经济国家吗？但在地方开拓新项目时，却会存在这样的事情。

另外，正因为有来自民间、行政部门、政府领域的当地人的大力支持，我们的项目才得以起步，并持续了 8 年。因此，不要因为最初有强烈的反对者而退缩，重要的是不要辜负那些信任自己的人的期待。

像这样，在地方很难"达成共识"，也有很多不合情理的"反对意见"。并且，对于这种不合情理的反对意见，往往会变成"应该听取他们的意见，改变项目内容""应该在很好的达成共识后再推进项目"等，而最开始要开展项目的人就会成为"坏人"。正因为如此，改革无法推进，结果导致该地区衰退。

我在各地和同伴一起开公司创业时，也遭到一部分当地人的质疑，说"没听说过这样的事情"，甚至有人说"我要击垮你的项目"等。但如果就此放弃，地方就不会有任何改变。

▶ 集体决策的三个陷阱

通常，人们很难在排除自己的主观想法，承认个人偏好的前提下客观公正地讨论问题。

例如，在集体讨论时，与会者大多欠缺"表达自己意见的技巧"和"倾听并理解的技巧"中的某一项，或者两者都不足。因此，不可能准确地表达自己的意见，当场准确地理解别人说的话。

在会议中既有我行我素的人，也有岔开话题的人，还有打断话题的人，也会出现想要莫名其妙地岔开话题误导大家的人。更有不少人会骂脏话，感情用事。

最重要的是，很多人都希望避免在明确自己责任的情况下做出决定，所以只能就模糊的结论达成共识。

一般来说，在进行集体决策时存在以下三个陷阱。我们也有必要认识到，在地方的集体决策中，也经常存在这样的问题。

● **陷阱1："共享信息偏差"的陷阱**

据说，"团队会更多地讨论所有成员都了解的信息（即共享信息），而相对忽视每个成员所独有的第三信息（即非共享信息）"。这种现象就是共享信息偏差。

大家为了达成共识而聚在一起，但不会花太多时间讨论没有被团队成员共享的"第三信息"。最终导致人们只能讨论团队成员所共享的信息。这样一来，就无法确保在不遗漏项目决定性观点的情况下达成共识。因此，这种达成共识本身，也有可能变得毫无意义。

● **陷阱2："确认偏误"的陷阱**

从个人的偏见或喜好出发，通过单纯收集能够证实这些观念的信息，强化自己的偏见或喜好，这就是确认偏误。

在促进地方发展的过程中，有时倾向于单纯收集符合自己观点的信息。如果大家都在"我们的地方是由于……问题导致

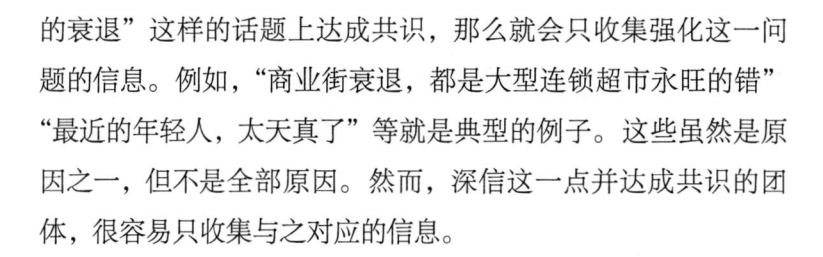

的衰退"这样的话题上达成共识,那么就会只收集强化这一问题的信息。例如,"商业街衰退,都是大型连锁超市永旺的错""最近的年轻人,太天真了"等就是典型的例子。这些虽然是原因之一,但不是全部原因。然而,深信这一点并达成共识的团体,很容易只收集与之对应的信息。

● **陷阱3:"集体考虑不周"的陷阱**

睿智的团体会收集各种各样的信息,但即使这样在集体做出决策时,也经常会犯重大的错误。很久以前的珍珠港事件、越南战争、猪湾事件①等就是典型的例子。同样,地方城镇的再开发项目也是如此,经过调查,所有成员一致同意,通过民主的形式决定的项目,却屡屡遭受失败。其原因在于,当人们聚集在一起时,不出意外一定会出现以下三个问题。

● **问题a:对集体力量与道德性的过度评价**

这是指集团成员之间共享"我们很有能力,做出了优秀的决策"的幻想,于是倾向于不加批评地接受我们能承担过大的风险,我们的团体性决策是符合道德的。因此,很容易产生"我们的城镇在历史上很特别""我们是被国家和地方政府选出的优秀团队,我们做的事情才是振兴地方的王牌"等想法。

---

① 又称吉隆滩之战。是1961年4月17日在美国中央情报局的协助下逃亡美国的古巴人向菲德尔·卡斯特罗领导的古巴革命政府进行的一次武装进攻。猪湾事件标志着美国反古巴行动的第一个高峰。——译者注

● 问题 b：封闭的心理倾向

　　封闭的心理倾向是指我们会低估不利于自己的信息并加以诠释，使当初的决策"合理化"。特别是由于过于轻"敌"，有低估敌人能力的倾向。给敌人的领导贴上坏人的标签，断定他无能，套用刻板化形象也是其中的一种倾向。在衰退的地方，一味热衷于寻找作为"敌人"的"其他城市"或"竞争商品、服务"的缺陷，而不正视自己的负面信息，也是出于这种心理。

● 问题 c："一致性"的压力

　　这里是指即使我们认为有问题，但也要谨言慎行。在"全场一致的原则"下，谁都不会认真地发表反对意见，因此每个人都深信别人支持这项计划。并且，比起提出反对意见遭到集体炮轰，他们更注重不破坏现场的氛围。最后甚至会出现自认为是"守护者"的人，排除所有不利信息，给提出反对意见的人施加压力。

　　像这样，在决定计划或项目时，我们要充分认识到集体决策，即大家聚在一起讨论未必能推导出好的结论。

▶ 放弃不工作的工作坊，让少数团队进行挑战

　　前几日，某地方政府的负责人拿着一本精美的小册子来拜访我。据说，这是该地区约 30 位居民历经一年时间，多次聚在一起召开研讨会制作而成的。小册子经过精心的设计，在美丽

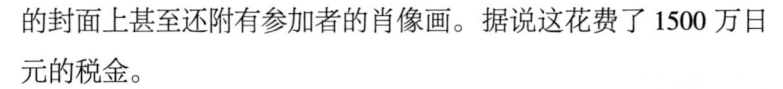

第 5 章　有效利用组织的方式　最大限度地提升"个体的力量"

的封面上甚至还附有参加者的肖像画。据说这花费了 1500 万日元的税金。

我认为即使大家都提出了自己的见解，但如果不能产生超出所花费税金的具体收益就是浪费。事实上，遗憾的是，那个地方政府没有因此发生任何变化。他们讨论得出的结论，果不其然存在很多问题。由此可见，并非经过大家讨论并达成共识，就能拯救地方。

在促进地方发展的过程中，与收集 100 个不承担责任的人的意见相比，1 个行动者的觉悟更为可贵。

小团体在自行开始创业时，没必要让每件事情都达成共识，更为重要的是将"为解决地方衰退问题，不断地进行必要的尝试"这一干劲儿带到地方。

即使小型项目失败了，对地方的影响也十分有限。在不断地尝试后，能够存活下来的项目才是正确答案。只有尝试去做，才能知道哪一个是正确答案。

即使一开始没有征得所有成员的同意，但只要取得了成果，支持者就会不断增加。共识，不是最初就能达成的，而是应该凭借做完的结果来达成。

正如前面所讲述的，集体决策时，经常存在陷阱。

我们要舍弃认为只要大家达成共识，地方的项目就会变好的，这种只重视达成共识的想法。要尊重敢于挑战的人，而不是一味地进行讨论和调整，击溃敢于挑战的人。我认为如果从这一点开始改变，地方的项目就会变得更加有趣。

04. 好恶

> 颠覆合理性的"怨恨情绪"
> **重视定量探讨与灵活性吧**

　　持有合理的观点进行讨论也会陷入"集体决策的陷阱"。不仅如此，在讨论的过程中，也存在不少丧失最初合理的观点而做出错误决策的情况。

　　如果说"人嘛，总是会犯错的"，倒也可以接受。但错误的组织决策，不仅会给做出决策的人，甚至会给与决策无关的地方居民带来负面影响。

　　实际情况是，即使现在地方也还经常会发生一些"当时为什么会做出这么糟糕的计划呢"等荒唐的事情。例如，在车站周围建设商业设施等大型再生项目，一边吐槽财政困难一边改建豪华的办公楼，用政府津贴发放高价商品券使资金流向东京资本的连锁店等。

　　在这一背景下，存在着最初就没有进行合理的讨论，只凭"好恶"做决定的根源性的问题。

▶ 错误的决策，一定掺杂着个人的"好恶"

　　当然，在新国立竞技场的案例中我们也可以发现，国家机

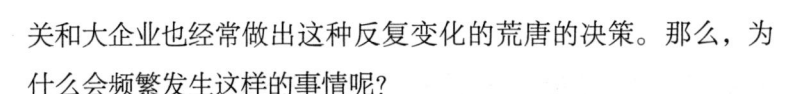

关和大企业也经常做出这种反复变化的荒唐的决策。那么，为什么会频繁发生这样的事情呢？

归根结底，是由于比起逻辑性的决策，掺杂着个人情感的决策占了上风。与大城市相比，这种事情更容易发生在地方。因为在地方，地缘和血缘关系更紧密。

自参与激活商业街的项目以来，最让我震惊的事情之一是，经常听到这种延续"上一代的怨恨情绪"的说法。例如，"那个家伙的爷爷，曾经妨碍了我们开店"。如果只是出于个人恩怨还好，但就连站在公共立场上被期待发挥调节利害作用的商店会会长等人，也会因个人的情感而改变决策。这实在让人大吃一惊。

像这样，在地方开展项目时，有些地方不是看事情本身，而是根据发言人的好恶来判断"好坏"。

例如，即使实行了也绝对无法收回成本的方案，也会以"如果是那个人提出的方案的话，那没办法，让我们试试做吧"的形式同意，与之相反即使好不容易有个有益的提案，但"那个人前几天反对过我的提案，所以这次我一定要反对他"。因为喜欢所以"同意"，因为讨厌所以"反对"，实际上无论结果如何，都是很糟糕的事情。

而且，很多人都对这种"情绪化决策"导致的失败持宽容态度，认为"人嘛，没办法啊"。然而，由于没有对错误的决策进行反省，所以才会一错再错。

▶ **在不允许"逻辑性反证"时，就形同出局**

更令人头疼的是，不仅有人根据自己的好恶来决定赞成或反对，而且还会形成"一致性较高的团体"，甚至不允许不同观点的逻辑反证。在他们看来，任何事情都是带感情的，因此就连以数据为基础的讨论，也只能被理解为是"单纯的反对"。

振兴地方的计划是靠谱的还是荒唐的，通过以数据为基础的讨论就能一目了然，但他们一提出"社区营造，并不是靠金钱！"等莫名其妙的唯心论，就破坏了逻辑反证。

原本，荒唐的计划通过逻辑验证、数据验证，都可以预先判断是否有实现的可能性。

例如，如果仔细观察写字楼的开发计划，就会发现每个月大楼运营的固定费用过高，而从租户那里收取的租金与当地的行情相差甚远。这样一来，在项目计划阶段，就预示了很有可能无法招募到租客，收支赤字严重。尽管如此，项目还是被批准了。

另外，最近在地方政府的计划中受欢迎的图书馆项目，也有可能成为"荒唐的计划"。如果考虑到财政能力，我们就会意识到这会是无法筹措购书费用的高级图书馆的开发项目。如果所有的项目都用数据来审视，就能判断项目是否可以持续。

但是，如果以数据为基础梳理问题提出质疑，就会被说成"他（她）只会妨碍地方活性化"，最后还会被批评，"不要只提否定意见，你要提案该如何做！"然后再也不让你参加会议了。

结果，逻辑性越强的人越不参与地方的决策，有时甚至会离开当地。最后，组织内的一致性越来越高，只会制订出没有异议、徒有气势的计划。

▶ 不要雇佣只会说漂亮话的"溜须拍马的顾问"

近来，在振兴地方时，需要外部专家的协助。但是，我们也不可对此掉以轻心。因为在地区外部选拔人才时，也有不少人是带着感情选择的。例如，"那个家伙经常造访我们地区，在当地的参与者中也有较高的评价，是个通情达理的人"，由此便决定了人选。

"溜须拍马的顾问"们，利用这种地方人的情感，参与到地方事务中。

例如，他们编出"这个城镇有全国最美丽的……有世界上屈指可数的……"等"漂亮话"，激发改革参与者的积极性。他们很清楚，像这种"没有什么根据，但也不能说是谎言"的带着感情的"漂亮话"，会受到参与地区决策的代表们的喜爱。

将计就计地利用地方人的情感决策的顾问，会察言观色，反复考虑各种因素，如果把工作交给这些人，项目当然就难以出成果。为什么呢？因为对于这些人来说，与取得项目成果相比，在做项目的过程中获得大家的喜爱，对他们的生意而言才是更为有益的。

衰退地方的课题，原本就是与其他地区竞争的问题。即使在地区内得到了感情上的支持，也无能为力。但是，如果发表过于严厉的意见就会被排挤在外，因此大家都尽量表现出感情化的内容，认为阿谀奉承才是上策。

结果，把地方宝贵的预算交给了那些无法取得成果的"不顾及他人的人"，导致该地区日益衰退。

像这样，如果感情色彩成为在做决策时的一项基本原则，那么项目就会按照如下的流程推进。"制订荒唐的计划→不进行逻辑性的反证（检查）→聚集了来自外部的利用情感的人→不断被推进，个人无法阻止这个项目"。

▶ 阻止由于"好恶"失去控制的地区的方法

那么，如何才能阻止这种失控的地区呢？在制订地方活性化计划时，在"项目初期阶段"重要的是定量探讨和确保灵活性。

项目是由人来推进的，因此很难避免不带感情。但是，我们至少需要定期进行有逻辑的、定量探讨，这样就能在一定程度上阻止失控。

参与活性化的相关人员提出的各种意见，不能是单纯的感想，而应该以数据为基础。而且，如果用数据验证提出的意见，则很容易判断其是否可行。

例如，大家一起讨论"图书馆构想"并制定计划。为了建造图书馆，需要多少预算，需要多少维护费用？每本书的借阅成本是多少，每个家庭的负担是多少？设施维护费用是多少？图书购买费用是多少？用数据来判断，可以提高讨论的效果。这时，如果擅自将情感放在首位，根据乐观的推测制作虚假的项目预算表，就毫无意义了。这时，重要的是试着以批判性的

第 5 章 有效利用组织的方式 最大限度地提升"个体的力量"

观点展开讨论。

此外，我们要首先明确无论做什么事，比起一贯性，更应该优先考虑"灵活性"。与初期阶段相比，在进行讨论之后信息会更加丰富，分析也更加成熟，因此，事物理所当然会发生改变。

但是，如果不从一开始就宣称，我们会"定期进行根本性的变更"并加以确认和推进，就可能会以个人的面子或人际关系为由，拖拖拉拉地持续讨论"初期不合理的计划"。并且，一旦项目发展到"无法逆转的时机"，就会有人说"既然已经到了这个地步，那就做吧"，这个荒唐的计划最终被变为现实。

无论在前期如何确定"定量探讨"和"确保灵活性"的规则，但还是会有很多人对此敬而远之。项目管理者（负责计划的人）往往需要独自确认并执行这一规则。反过来也可以说，在地方引领大家开展项目的人才，有必要正视这一点。

像这样，一方面，任凭情感摆布，在内部热烈讨论，另一方面，即使企划失败了也只是互相舔舐伤口的"好朋友团体"，是无法真正改变地方的。

即使自己个人蒙受损失，也要叫停不行的项目，修正应该修正的项目。这才是真正的爱家乡，难道不是吗？

05. 传话游戏

> 过于落后于时代的，国家与地方的等级制度
> **通过分权来改变信息的采集和实施的流程吧**

组织的问题，有时不仅发生在组织的内部，也在于"组织与组织之间的结构"。

组织之间存在着相对的顺序和等级制度。这里的问题在于，尽管社会整体在进步，但传统的等级制度依然存在。大家被迫进行意义不明的传话游戏，结果导致组织决策效率低且不准确。

其中，最具代表性的是政府（各省厅）、都、道、府、县、市、町、村的等级制度。我开玩笑说，县政府所在地是"明治维新特权"。

在没有因特网、高速公路、新干线的时代，以明治维新政府建立的都道府县、市町村的树形结构为基础收集信息。此后，以收集到的这些信息为基础制定政策，再通过都道府县、市町村在民间进行实践。这种做法，在当今这个时代是效率极低的。但因为这是"自古就有的做法"，因此一直延续至今。

在问题接连不断地加速细分化且持续恶化的当今时代，依靠传统的组织结构是无法解决问题的。

第5章 有效利用组织的方式 最大限度地提升"个体的力量"

▶ 以都道府县为单位的社会结构，早已分崩离析

以各都道府县为单位设置行政据点来管理社会本身的结构，事实上正在分崩离析。

以前，在每个都道府县的政府所在地，不仅有政府机关，还有以都道府县为单位的民间企业的分店、营业所等中枢机构，从事营业活动。也就是说，行政和产业都集中于此，县厅所在地名副其实就是都道府县的中心。

然而，1970年后，位于中心地区的县厅和市政府迁到郊外，再加上新干线和高速公路的开通，以"在多个都道府县只设置一个民间企业的分店等"形式进行资源的统整和废除。现在，县政府所在地事实上，已经不再是能够控制地方的场所，也不再是区域的中心。例如，山形市由于高速公路的开通，已经完全被编入仙台市经济区域内。

像这样，在47个都、道、府、县的所有行政据点附近，都设有民间企业的分店和营业所的时代已经结束了。这一现象首先在日本东北全境出现，之后在日本全国范围内蔓延开来。

实际上，九州地区的福冈市、中部地区的名古屋市，业务功能和商圈都在不断地被整合。就连国家派驻地方的地方支分部局①也是一样，在北海道地区、东北地区、关东甲信越地区、中部地区等各个地区也只设置一个，事实上以都道府县为单位

---

① 指根据日本内阁府设置及国家行政组织法的规定，国家行政机关派驻地方机构的总称。——译者注

能做的事情，已经寥寥无几。

而且，随着互联网的出现，这种以都道府县为单位的经济圈的统整与废除正在加速，因此一直沿用过去的结构来推进政策，是不合理的。

▶ 信息收集也有"三重痛苦"，不可能进行正确的政策立案

这里的"不合理"，有"收集信息"和"执行项目"两方面的意思。

让我们先从"收集信息"开始解释。大多数情况下，在活性化事业中取得成果的是民间。于是，国家就会征询都、道、府、县或地方支分部局，"地方有没有好的案例？"。都道、府、县、向市、町、村询问，市、町、村又转而询问平时接受补助金的当地民间团体。

地方支分部局，也会咨询过去支付过补助金的民间团体。像这样，再将收集到的信息反馈到上面（都道府县或国家）。

这里存在三个问题。

● 问题1：传话游戏的弊端

首先第一点是，这种传话游戏，会导致无法有效传达想要传达的信息。由于信息每次都会经由非项目实践人员的官员的过滤，所以对于案例的概要与分析，就会不断产生偏差。这一过程要重复两三次，因此当信息传到上面的时候……仅凭想象，就知道进展不会顺利。

实际上，让人以为"咦，这是弄错了吧"，这样的案例介绍

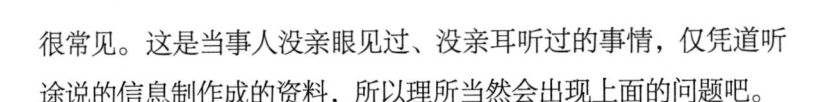

很常见。这是当事人没亲眼见过、没亲耳听过的事情，仅凭道听途说的信息制作成的资料，所以理所当然会出现上面的问题吧。

● **问题 2：不了解民间团体的做法**

第二个问题是，无论是都、道、府、县、市、町、村还是地方支分部局，都不了解"没有获得补助金的民间团体的做法"这一现实情况。

实际上，在国家策划制作"商业街成功案例选"时，都、道、府、县、市、町、村、地方支分部局等都对全国开展的地方振兴项目进行了调查，然而令人吃惊的是，入选的都是获得补助金的项目。这是因为，行政部门与获取补助金的民间部门有联系，但与没有获得补助金而取得地方振兴成果的人没有联系。

● **问题 3：无法传达失败的信息**

第三点，也是最重要的问题，无法传达"失败的信息"。信息传达方当然不可能把自己亏损的信息向上面汇报。无论是民间、市、町、村、都、道、府、县，还是地方支分部局，皆是如此。因此，最终结局是只总结了一些使用了补助金，看似取得成果的对自己"有利"的案例。

事实上，2015 年 9 月 9 日政府的"城镇·人口·工作振兴本部"，依据安倍首相的指示对截至当前的地方再生相关政策进行总结，询问各省厅的失败事例。据说承认过去政策失败的地方为"零"。

也就是说，所有省厅都回答"没有失败过"。当时，担任地方振兴专任大臣的石破茂也坦言，"要承认这是一个失败的项目，很难"，像这样，政府和地方政府不收集对自己不利的信息，只收集一些对自己有利的信息。

在这种情况下，2015年我们的地方振兴联盟出版了《城乡失败案例集"墓碑"系列》。这本书总结了过去地方中心城区振兴过程中的失败案例，获得了极大的反响。

其中最让人吃惊的是，财务省主计局的主计官在读了我们的报告后，说："我们竟然不知道自己编制的预算，出现了这样的事情。"明治维新以来的等级结构已经无法将地方的实际情况传达到霞关①，这让我深刻地感受到单纯依靠政府制定正确的政策方案是不可能的。

▶ **不要用以往的框架思考，要从实际情况出发**

如果上了在这种情况下制定的政策的当的话，会如何呢？后果不言而喻。

如前所述，地方再生政策接连失败的背景是，在诟病个别项目不好之前，不如说以国家的传话游戏为基础制定政策，自上而下投入预算取得成果的做法本身，"是行不通的"。

实际上，在地方的项目中，民间在包括农业、林业、渔业、地方中心城区的再生等各种各样的领域开创了新的结构，取得了成果。为了将这一点活用到政策上，我认为要么是由国家直接插手地方事业，要么就是赋予地方自由安排项目的权力。

---

① 位于东京千代田区南端，是日本各大政府机构所在地。——译者注

第 5 章　有效利用组织的方式　最大限度地提升"个体的力量"

正如《城镇·人口·工作振兴法》中所写的那样,国家的基本战略、都道府县的基本战略、市町村的基本战略的这种流水作业的形式,已经无法改善事态。

这次的地区振兴,让我们抛开基于这种结构的信息收集和项目实施,基于民间的先进的做法来考虑战略和项目实施,把它变成一个精简组织模式的机会吧。精简组织的快速行动,是解决地方问题的捷径。

06. 计划行政

为何大家都在努力，地方却没有停止衰退？
抛弃错误的目标吧

组织会推导出荒唐结论的另一个原因在于，他们深信"只要有了经过周密讨论的计划，就能取得成功"。因此，他们会在事前进行详尽的调查，全力制订周密的计划。但到了项目实施阶段，他们就会盲目自信，认为接下来只要按计划进行就好。如果项目进展不顺利，会解散制订计划的团队，然后将项目交给其他的团队去做。

制订计划，并执行。这看似理所当然，但为何制订计划并付诸实施就能成功呢？在制订计划的阶段能够讨论的内容究竟有多少？项目实施后才能初次了解到的内容又有多少呢？又有多少人拥有这种"不按常规方法处理问题"的想法呢？

▶ **制订计划并进行管理，却依然无法取得成果**

到目前为止，地方振兴项目都是通过计划行政的手法推进的。

近两年，在日本全国各地制定的有关地方振兴的综合战略，"地方制定的综合战略"也是按照"制订基本计划，设定

第 5 章　有效利用组织的方式　最大限度地提升"个体的力量"

KPI 绩效目标，采用 PDCA 全流程管理模式的方式"推进的。这一做法看似很有道理，但实际上，这种方式在过去的各种地方政策中都曾多次出现，几乎都以失败告终。

在日本全国各地的城市中心区域重建的案例中，首先要制订包括目标设定在内的基本计划，再由国家认定项目，编制项目预算，然后，"评估目标是否达成，公开结果"。乍一看流程非常完美。但遗憾的是，几乎没有地方城市中心地区在这一基本规划中取得显著成果的案例。

若是因为"不加管理、无视成果、项目推行不力而导致地方衰退"，那问题还不算严重。因为只要切实改变这一做法，就会取得成果。但是，尽管由大家制订计划、进行目标管理、不断改善项目，地方却还在持续衰退。地方问题的严重性就在于此。

▶ **阻碍地方取得成果的"三个错误"**

那么，为何努力做了却没有取得成果呢？

当你认为自己做得很好却没有取得成果的时候，大多数情况下，相关人员都犯了以下"三个错误"。

● **错误 1：战略或计划只是"对症疗法"**[1]

制订战略、计划时的"关键"是"设定目标"和"认识现

---

[1]　指脱离根本对策，只针对表面表现出来的状况来处理事务。——译者注

状"。要把未来的目标与对现状的认识结合起来考虑战略。然而，大多数失败的项目，设定的目标都比较模糊，将现在"表面上发生的现象"设定为"问题"。也就是说，深信"如何解决眼前的问题"是战略、计划。

这是怎么回事呢？例如，在地方振兴中，人口的增减本身并不是问题，所以"人口增加战略"本身就是无稽之谈。

尽管过去认为人口增加是社会问题，日本还出台了抑制人口增加的对策，但现在人口减少却变成了社会问题，有关这一点在第3章中已经做了阐述。原本人口的增加与减少就是经常发生的事情，但在"经营地区"的时候，如何应对人口的增减就成了问题。理所当然，20年后的成年人口是由今年出生的孩子的数量决定的。无论地区间的竞争多么激烈，从临近城市抢来多少人，人口数量还是会以国家为单位减少。计划的根本在于，在未来人口减少的20年间，"如何构建一个不会破产的、持久的社会"。

但是，实际情况却变成了"人口减少是问题，该如何增加人口"，将"用钱吸引人口争夺预算的竞争"，称为（地方振兴）战略、计划。

即使制订了对症疗法的计划和战略，问题还是会接踵而来。于是，大多数情况下，地方只是针对各自的问题采用"对症疗法"的方式应对，问题并没有得到真正的解决。我们不要忘记，在此前的地方政策中，如产业布局再生、中心市街区再生、地方再生、城市再生、农村再生等，都指出了各自的问题，并从如何挽回失败的角度制订了计划，却并没有取得成果。一

第5章 有效利用组织的方式 最大限度地提升"个体的力量"

言以蔽之，在将不能称为战略、计划的方案称为战略、计划的最初阶段，就注定了要失败。

● **错误2：即使达成也毫无意义的"目标设定"的扭曲**

正如错误1中所指出，在"错误的战略、计划"之上设定了目标。这是个悲剧。然而，一出现数值目标，总觉得看起来像是做得很好的计划，实在是让人困扰。

例如，人们往往认为地方城市的中心城区衰退是由于"居住者减少的问题"。经过很多人选择后，不同的区域有了优劣之分是自然的现象，但为何演变成"中心城区也必须增加居住者"呢？

结果，尽管某一个城镇的总人口有40万~50万人，但为了吸引800人左右的居住者移居城镇中心，政府在道路、广场、车站等基础设施建设，公寓再开发，公共设施完善等方面投资了约100亿日元的预算。而且可悲的是，最终连召集800人的这个目标也没有达成。这样的事例，不是只限于特定的某一个城市，而是发生在日本的不论城镇规模大小的任何一个地方。

"花多少钱，要达成什么目标？"这种追求性价比的思考方式，在地区是几乎不存在的。而且，更可怕的是，为了达成错误的数据目标，会不顾收支核算而执行已经决定的事情。于是，变成了只要达成数据目标就可以了。

这样一来，即使达成了目标，也会由于原来的目标是错误的，而无法产生显著的成果，空留遗憾。

● **错误 3：不质疑"根本"，只进行改善**

正如错误 2 中所提到的，当制订计划时会发现"即使是错误的目标，也无法达成"。那么，该怎样做呢？很多情况下，为了达成错误的目标，会出现"必须改变做法""预算不足"等思考。

但不会有"是不是原来的战略、计划或者目标设定错了"这样的想法。于是为了达成目标，制定更加大胆的项目，投入更加庞大的预算。

从扩张型社会向收缩型社会转变时，如果不质疑以往战略和计划的根本，不从结构上开始改变，就无法实现转变。在收缩型社会中，必须对扩张型社会时代的前提——"只有增加才能解决问题"的想法本身产生质疑，放弃"只要投入大量的前期投资就能扭转局面"的幻想。

顺应新时代的发展，首先要基于现状确保需求，然后再决定与之相应的设施和服务规模。初期投资不是"拿到补助金就结束了"，而是为了避免亏损制定重视收回投资的战略和计划。

设定目标的方法也不能用以往的"量"来衡量，必须以"人均"的单位与效率的视角来衡量。然而，像这样在地方几乎没有要从根本上改善的思考方式，而是以为了达成空洞的目标进行改善的狭隘的视角，持续进行"PDCA 循环"。

▶ **一线人员被强迫"达成错误的目标"而疲惫不堪**

正如前面所讲述的，战略选择、目标设定以及为了达成目

第 5 章 有效利用组织的方式 最大限度地提升"个体的力量"

标而进行的改善，大多是决策者所犯的错误。地方政府和企业一样，如果高层做出了错误的决策，负担最大的就是第一线。

在很多地方政策中，负责一线的地方政府职员等，虽然很清楚即使"做了这样的事情，城镇也不会变好"，但还是会执行政治家或行政首长、高层官员，有时地方政府前职员等参与的"对症疗法的预算项目"。

如果从一开始就被迫应对这种"超级难关"，那么一线人员就只能麻痹自己才能坚持下去。"被麻痹的结果"是会有无力感或"做什么都很难"的"否定心态"。这样一来，项目本身就毫无趣味，变成"消化赛"①，进而演变成"目标无法达成，投入预算却不断增加"的状况。

▶ 努力将"问题"发展为"机会"

那么，遗憾的是当大部分地区都陷入了这种"负循环"时，是否有摆脱的办法呢？重要的是，不要被失败所支配，不要半途而废，不要放弃。

当我们和地方的人一起致力于地方再生事业时，我们深知在地方有很多无论在多么残酷的状况下都会像不死鸟一样，重新振作起来"充满激情的人"。

其实，与一举改变行政结构相比，在地方有很多这样的案例：民间积极从事城镇再生事业，政府工作人员也对此大力支

---

① 指在职业棒球等联赛中，在决出冠军后仍然进行的比赛。——译者注

持,在取得成果时,推动地方政府,并将其升华为行政战略。

例如,札幌大通地区经营的"大通露天美食街"就是这样一个例子。他们没有将车流量减少当作问题,反而充分利用腾出的道路空间从事再生事业。高知县四万十市由民间创立的项目也是如此,他们既没有因为山区变得荒凉而叹息,也没有因为沉下桥重建的现代化的计划而哀伤,而是开拓栗子产品市场,如今满山种植的栗林和沉下桥,也已经成为当地特色旅游资源。

这些是自立的民间正视"利润",想要给城市带来新变化的行政部门行使放宽规定等权限,或公务员以志愿者等形式协助创立的"适合本地"的地方项目。

俗话说:"战略问题,无法依靠战术来克服。"但这并不意味着存在问题的地方,不能做不符合地方政府战略的事情。因为大部分战略都是错误的。

如果明显是选择了错误的战略,不要忘记还有采取与地方政府方针不同的措施为地方创造新的活力这一选项。因为无论如何感叹"我们的地方政府没用",也无济于事。

这样做最初也许会很难,倒不如说"完全无视"地方政府的战略,将自己认为必要的项目从小做起,逐渐取得业绩,才能给地方带来真正的变化。

07. 创意大战

| 消耗一线的"轻松创意人"
从实践和失败中产生"真正的智慧"

"有没有好的促进地方发展的创意?"这是一个老生常谈的问题。地方需要的不是单纯的"创意",而是踏实的实践积累,以及在此基础上产生的智慧。实际上,能够改变地方的,并不是提出奇思妙想的人,而是不逃避,一边解决问题一边取得成果的人。

然而,那些致力于激活地方活力的组织总是认为"因为没有创意才会失败",因此在当地也一味追求"新颖"的创意。但是由于过于依赖新奇的创意,反而不考虑执行过程,结果导致"组织"疲惫,受挫的项目不胜枚举。

要想在当地实际取得成果,与创意的新颖性相比,过程的现实性更为重要。

不断提出不知所云的创意的"轻松创意人",是如何消耗地方一线人员的呢?让我们一起来梳理这一问题。

▶ **没有否定和制约的头脑风暴,会消耗人才**

有的人会说"不要批评,要集思广益""这是头脑风暴,不要退缩，要发表意见"，在讨论创意的会议上花费大量时间。的确，如果没有否定意见，发言者与运营者都很轻松。

然而，在地区的实际项目中，需要一边应对"来自不同的人们的提问""从未想过的来自多方视角的疑问"，一边克服困难推进项目。而且，不存在没有"制约条件"的现实社会。实际上，有效利用组织的关键在于如何突破资金、人际关系等复杂的制约条件。如果没有这一点，任何事情都无法成立。

让人头疼的是，为本地项目奋斗的实践者被邀请参加这种只讨论创意的会议。在努力推进项目的人来看，出席这种缺乏项目实践的人组织的会议，单纯讨论创意，几乎毫无意义。这只会消耗自己投入地方振兴项目的时间。

如第 1 章所述，近来，出现了将创意本身作为预算型活动举办的事例。当地居民的资源，被不会付诸实践的创意大战所消耗。而且，令人啼笑皆非的是，提出"让我们来分享创意吧"的轻松创意人，实际上他们本身并没有什么了不起的创意。

当然，没有创意的人召集到的大部分人，也大多没有创意。最重要的是，参加这种聚会的人们，大多没有自己亲身实践的经验，他们所提出的创意也大都是道听途说的模仿案例。然而，即便如此，在内部还是讨论得十分热烈。

更让人头疼的是，他们不是自己去做在内部会议中热烈讨论的"临时起意的山寨创意"，而是将它作为从政府部门获取预算的素材。正如本书中多次指出的，依赖预算的项目不会取得成果，也无法持续下去。而且，因为这是用别人的钱做的项

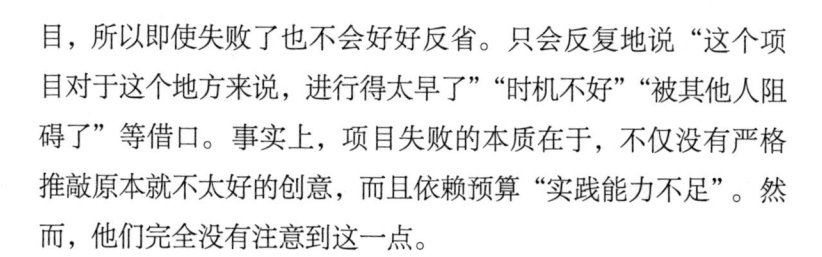

第5章 有效利用组织的方式 最大限度地提升"个体的力量"

目,所以即使失败了也不会好好反省。只会反复地说"这个项目对于这个地方来说,进行得太早了""时机不好""被其他人阻碍了"等借口。事实上,项目失败的本质在于,不仅没有严格推敲原本就不太好的创意,而且依赖预算"实践能力不足"。然而,他们完全没有注意到这一点。

▶ 轻松创意人的特征

轻松创意人,在最初评价创意的阶段,就持有完全解释不通的观点。

● 特征1:只追求"新颖性"带来的新奇感

轻松创意人,只对"新颖性"这一点给予高度评价。

然而,创意重要的不是新或旧。重要的是,是否能够解决当地的问题,或者能否为当地的未来发展作出贡献。

即使这个创意不是特别新颖,但直面当地存在的问题脚踏实地地推进才是最重要的。不好好实践理所当然的事情,一味追求新颖性是没有意义的。

● 特征2:强求"具有风格的创意"

轻松创意人希望学生提出"具有年轻人风格的创意",女性提出"具有女性风格的创意"。

然而,这种遵循提案者属性的"风格"对于地区真正的提案是毫无裨益的。地方所需要的,是与提案者的年龄、性别等属性无关的,积极做出评价的姿态。

具有什么风格，这种将提案人的属性作为素材评价新颖创意的方式，在某种意义上对收集创意的一方来说是有利的。

● **特征3：对"项目演示技术"给予情绪化的评价**

很多时候，并非是创意的内容，而是诉诸情感、提高共鸣的项目演示，更容易让人感动并给予好评。项目演示技术无论多么高超，多么能引起人的共鸣，如果没有自己实践的觉悟，最终也只能是纸上空谈。

以这样的角度来评价创意，就无法提出解决当地问题的提案，只会产生不超出花圃思考①范畴的提案。

▶ **通过实践和失败产生"真正的智慧"**

一个地区真正需要的，绝不是一时兴起的创意。最重要的是在赞成和反对两种意见中，从小范围开始创业，克服各种制约条件，最终取得"成果"。而且，更重要的是，实践中总是伴随着失败。从失败中学习，再挑战，就会产生真正能够解决地方问题的、具有现实性的"真正的智慧"。

大家聚在会议室里互相称赞，开着意义不明的创意会议，如果这样能够让地方重生的话，那几十年前地方就已经重生了。努力开创项目的人，为了集中精力在第一线，即使被邀请参加没有实践单纯讨论创意的会议，也尽量不要出席为好。

最初，可能会由于项目过于朴实而被人看不起，如果中途

---

① 指思考不周全，缺乏尝试的、妄想的想法。——译者注

失败还会有人落井下石，说"看，这样不行吧"，但之后如果取得成果就会被人们认可。另外，即使大张旗鼓地做了华丽的有新意的创意，但经过一段时间之后，如果发现这对某个地区来说并没有什么好处，那么这个人的评价就会一落千丈。

只有踏踏实实地积累成果，才能改变地方。在反复试错的过程中，产生出地方特有的"真正的智慧"，才是当今地方振兴所需要的。

▶ 发挥个人智慧，构建精简、快捷的组织运营

回顾本章，在促进地方活性化的过程中，组织会设置各种各样的"壁垒"。

支撑这一壁垒的，是由于很多人被"常识"所束缚，不从根源上重新思考，认为"就是这样"而停止思考。

结果，在最初制定计划阶段制订了不知所云的计划，大家集体决策陷入集体考虑不周，甚至在计划阶段和实施阶段团队不同，最后寄希望于通过"新颖性的创意"等寻找出路，导致现场疲惫不堪，组织破产。

虽然已经犯过几次这样的错误，但由于没有机会反省，所以一直在重蹈覆辙。失败绝不是责任问题，而是应该科学地验证这个过程，吸取经验以"避免出现同样的错误"。

但是，我们一直被教导"不要考虑解决组织问题之类的事"，所以只能遵从组织结构，并且不断犯错。

本章在介绍组织存在的结构问题的同时，还阐述了相应的对策。如果大家都能认识到这一点，并将其运用于计划和实践

两个阶段，那么成功的概率或多或少都会有所提高，至少可以防止发生荒唐的重大失败。

　　克服组织本身存在的问题，也是地方振兴不可或缺的。将原本睿智的个人聚集在一起，进行错误的组织运营，地方就永远无法再生。因此，在地方振兴中，需要的是充分发挥个人的智慧，意识到组织问题，并采取行动。

第5章
有效利用组织的方法 危险度 检查表

01
- [ ] 从计划阶段开始，就没有考虑"撤退战略"
- [ ] 不能谈论"失败时"的话题
- [ ] 比起撤退更优先考虑拖延
▶ 用数据和期限制定明确的"撤退战略"规则吧

02
- [ ] 将项目计划制订等委托给顾问公司
- [ ] 使用补助金，做与成功案例相同的项目
▶ 贯彻自己思考、自己行动的"自我主义"吧

03
- [ ] 地方上的事情还是最优先"达成共识"
- [ ] 认为要面对来自地方的反对，变得情绪不稳定是理所当然的
▶ 要牢记，共识不是最开始就能达成的，而是在有了结果后自然形成的

04
- [ ] 比起逻辑，以"喜好"做出决策
- [ ] 认为逻辑反证在现实中没有意义
- [ ] 使用尽说漂亮话的顾问
▶ 将"定量探讨"与"确保灵活性"规范化吧

05
- [ ] 按照组织的等级制度，认真地进行"传话游戏"
▶ 通过分权，建立"能从实际情况考虑"的组织吧

06
- [ ] 战略或计划，专注于解决眼前的问题
- [ ] 专注于达成"目标"
- [ ] 认为即使谈论根本也没用，所以不去思考
▶ 完全无视地方政府，将必要的项目从小做起，使其成长吧

07
- [ ] 创意的新颖性很重要
- [ ] 为了收集"具有风格"的创意，进行团队讨论
- [ ] 地方需要拥有优秀项目演示技术的人
▶ 从实践和失败中产生"真正的智慧"吧

结　语

前几日，我游览了位于西班牙巴斯克自治区的圣塞巴斯蒂安等地。如今，这里不仅成了欧洲各地的美食城，甚至全世界的游客都聚集在这里，成了一个营利的城市。走进这座城市，你会发现旅游最重要的是营利，而不是简单地聚集很多人就可以了。

为了通过旅游赚钱，让资金留在当地，使资金在地区内运转的产业结构是不可或缺的。以圣塞巴斯蒂安为例，饮食业高度发达，因此他们将美食家定为目标顾客。这里，是世界上人均米其林星级餐厅最多的地方，同时老城区还有很多酒吧竞相提供美味的西班牙传统小吃Pincho。这里的美食店数量多到，如果不连续在此住上几天几晚就难以尽兴的程度。我虽然也住了三晚，1天去了10家以上的饭店，但还是感觉意犹未尽。这些餐厅使用从比斯开湾捕获的鱼，依靠背后广阔的农田里生长的蔬菜，以及当地精心饲养的牛、猪、鸡等。餐饮业的收入牢牢地循环到当地的第一产业中，形成支撑整个地区的结构，与整个地区的繁荣息息相关。

与日本相比，西班牙的失业率很高，基础设施也非常薄弱。圣塞巴斯蒂安机场小到只能乘坐螺旋桨飞机，并且从欧洲各国去那里都极其不方便。街上的道路有很多崎岖不平，也有随处可见的脏乱差。而且，在老城区有些仍然保留原有建筑模样，只对内部稍加改装就经营的酒吧。

尽管如此，为了实现明确的目的，即为了享受美食而前往这座城市的游客络绎不绝，就连将此作为疗养胜地来购买房产的人也增加了，地区得到了一定的发展。像这样，人口仅有18万人的地方城市也能自立，甚至惠及到相邻的城镇。邻国的富恩特拉比亚（Hondarribia），是一个仅有1.6万人口的小城市，但同样拥有丰富的饮食生活，聚集了大量豪华的住宅。

这让我们了解到，以人口规模和交通不便为借口放弃自立，放弃适当的成熟与发展，是一件多么愚蠢的事情。

▶ 蕴藏无限可能的日本地方

不仅仅是海外，日本的地方也蕴藏了无限的可能。

特别是那些没有改建成以工业为中心的城市，今后应该会有更大的作为吧。从这个意义上来说，日本海沿岸是个机会。这些城市在幕府末期通过北前船①经济积累了大量财富，拥有深厚的文化积淀，今后竞争力将会大大提高。前几日，我也去拜访了金泽市。该市之所以受到高度评价，不是因为它进行了高度的城市开发，而是由于它没有改变明治维新以来的城镇划分，没有进行道路改造和土地的高度开发。其结果是，那里现今仍保留了高稀缺性的街道风貌。而且正因为城镇被划分得更

---

① 指江户时代中期，日本经济振兴，建立了不少国内航线，为了促进物资流通，船舶开始向大型化发展。这些船被称为"北前船"。

小，所以目前还聚集了大量本地资本的中小零售企业。除了白天的风貌，那里还保留了具有高度文化性的夜间经济的多样性特征。

事实上，日本的地方城市有海洋，有山脉，有包括饮食在内的城市文化积淀，甚至机场、新干线、道路等基础设施也很完善。机场等基础设施比圣塞巴斯蒂安好几倍，能乘坐喷气式飞机的地方机场更是数不胜数。

唯一的问题是，当今日本地方没有有效利用这些资产营利的想法。不需要营利，拿着再分配的资金适当地做就行，是最轻松的想法，也是地方衰退的原因。我认为地方唯一最重要的课题是，鼓起干劲"正视利润"。

▶"实践与传播"的两者兼顾，才是最重要的

近18年来，我一直将在日本各地创立"营利的项目"作为工作。我自己出资当地企业，共同经营为当地赚钱，从创造的利润中收取费用。我不像那些单纯写计划、做提案的顾问，而是将自己投资、参与经营作为基本原则。并且，我还将这些技巧整理成文字进行传播，创办了相关的培训学校。我做这些事情，并非是因为受到了国家或地方政府的委托，而是将自己投资开发并提供信息的"民间服务"坚持至今。

现场的人只要做好一线的工作就可以了，这种想法在当今日本依然很受推崇。但是，正因为他们在一线努力推进项目，所以会在那里得到很多信息。我认为传播信息也是一线员工的职责。正因为如此，包括书籍的出版发行等，期待今后我也能

坚持"实践和传播"两者兼顾。

最后，借此机会对于为我创造在东洋经济网上连载机会的福井纯先生，负责本书编辑的桑原田哲也先生，还有平时共同致力于地方振兴事业的全国各地的同伴，以及对我的工作给予高度理解的家人等，表示衷心的感谢。如果没有各位的大力协助，这本书就不能问世。

日本的地方既严峻又有趣味，蕴藏了无限的可能。单纯被当成负担，依赖政府资源再分配的日本地方，需要向着自立的方向觉醒。如果能够再次转变成营利的"地方"，那么即使在人口收缩型社会也可以利用这一点达到成熟化，转换成提高生产力，提升文化性的成功的"日本"。

我也会为了支持这样的转变，而不断挑战。

图字：01-2022-0821 号

CHIHOU SOUSEI TAIZEN by Hitoshi Kinoshita
Copyright © 2016 Hitoshi Kinoshita
All rights reserved.
Original Japanese edition published by TOYO KEIZAI INC.
Simplified Chinese translation copyright © 2022 by Oriental Press,
This Simplified Chinese edition published by arrangement with TOYO KEIZAI INC.,
Tokyo, through Hanhe International (HK) Co., Ltd.

中文简体字版专有权属东方出版社

图书在版编目（CIP）数据

地方城市振兴的 28 项法则 /（日）木下齐 著；张岩 译. —北京：东方出版社，2023.7
（世界新农丛书）
ISBN 978-7-5207-3359-5

Ⅰ. ①地… Ⅱ. ①木… ②张… Ⅲ. ①城市发展—研究—日本 Ⅳ. ①F299.313

中国国家版本馆 CIP 数据核字（2023）第 042453 号

地方城市振兴的 28 项法则
（DIFANG CHENGSHI ZHENXING DE 28 XIANG FAZE）

作　　者：	[日] 木下齐
译　　者：	张　岩
责任编辑：	申　浩
出　　版：	东方出版社
发　　行：	人民东方出版传媒有限公司
地　　址：	北京市东城区朝阳门内大街 166 号
邮　　编：	100010
印　　刷：	北京文昌阁彩色印刷有限责任公司
版　　次：	2023 年 7 月第 1 版
印　　次：	2023 年 7 月第 1 次印刷
开　　本：	880 毫米×1230 毫米　1/32
印　　张：	7.875
字　　数：	160 千字
书　　号：	ISBN 978-7-5207-3359-5
定　　价：	49.00 元

发行电话：(010) 85924663　85924644　85924641

版权所有，违者必究

如有印装质量问题，我社负责调换，请拨打电话：(010) 85924602　85924603